LAS CARAS DEL PERDÓN

SANIDAD PARA NUESTRAS HERIDAS

David Christensen

THE
REPHIDIM
Project

Las solicitudes de información se pueden dirigir al autor a:

The Rephidim Project
P.O. Box 145
Gorham, ME 04038
www.rephidimproject.org

El texto bíblico ha sido tomado de la Biblia de las Américas, Reina Valera y la Nueva Versión Internacional.

Portada por Shirley Douglas de Douglas Design

Traducido por: Ana Leticia Santos

ISBN: 978-0-578-80374-6

OTROS LIBROS DE DAVID CHRISTENSEN

Transformado por la adopción: La vida espiritual de un cristiano regular, una exposición de Romanos 6:1 - 8:17, The Rephidim Project, 2014.

Amigos con Jesús: vivir en las profundidades de la intimidad espiritual, una exposición de Juan 13 al 17, The Rephidim Project, 2017.

Perspectiva expositiva de Juan 13 al 17: Un libro de trabajo para la predicación expositiva, The Rephidim Project, 2017.

RECONOCIMIENTOS

Todos necesitamos a otros para lograr aquello que es importante en la vida. Este libro no es la excepción. Gracias Mark Halfacre por tu participación en The Rephidim Project y por las muchas horas que has pasado editando con sumo cuidado el manuscrito. En su mayoría, gracias por tu amistad y ánimo. Gracias David Lamberston. Disfruté interactuar con tus conocimientos teológicos a medida que revisabas el manuscrito. Tus objeciones dieron precisión a mis pensamientos. Gracias, Bob Jones por tu perspectiva pastoral. Toda la visión que refleja tus años en el ministerio me ayudó a dar forma a mis palabras y tu amistad me incentivó en el proyecto. Gracias, David King. Como consejero bíblico que ha pasado tantos años ayudando a otros a tratar con el perdón, tu respaldo de las ideas en este libro confirmó mis convicciones.

Índice

ANÁLISIS DE CASOS

Los rostros de quienes perdonan muestran el dulce alivio de la liberación. La amargura los deja de perseguir, el rencor los deja de sumergir, la venganza deja de dirigirlos; quienes han perdonado conocen el gozo que se siente cuando la gracia es la que sostiene. Para quienes no han perdonado, el resentimiento deja marcas visibles en los rostros, deja arrugas profundas de la revancha. Aquella persona que no perdona lleva a cuestas el equipaje de querer desquitarse, se la pasa analizando sus relaciones con los ojos críticos de un juez. Cuando se es preso del pasado, quien no perdona deja de disfrutar la libertad del presente. Cuando el perdonador deja libre el pasado, se siente con la libertad de aceptar el presente y de acoger el futuro con anticipación. El perdonador conoce la paz de lo que es posible porque ha liberado el dolor de lo que fue.

> Por lo tanto, revístanse de afecto entrañable y de bondad, humildad, amabilidad y paciencia, de modo que se toleren unos a otros y **se perdonen si alguno tiene queja contra otro. Así como el Señor los perdonó, perdonen también ustedes.** Por encima de todo, vístanse de amor, que es el vínculo perfecto. Que gobierne en sus corazones la paz de Cristo, a la cual fueron llamados en un solo cuerpo. Y sean agradecidos. (Colosenses 3:12-15)

5

LA GRACIA Y EL EVANGELIO

Un joven de 23 años, quien se había proclamado como defensor de la supremacía de la raza blanca, Dylann Roof, ingresó con un arma de fuego calibre .45 a la iglesia Episcopal Metodista Africana Emanuel en Charleston, donde se sentó tranquilamente por casi una hora durante el estudio bíblico la noche de ese miércoles. Unos momentos más tarde, desenfundó su arma y abrió fuego contra los asistentes de la iglesia, dejando sin vida a nueve personas en cuestión de minutos. Cinco personas sobrevivieron. Roof indicó a los oficiales del FBI que su intención era detonar una guerra racial. Dos días después, un tribunal sostenía una audiencia para fijar una fianza, mientras el país no podía creer lo que veía. Los familiares hablaban a Dylann Roof por un circuito cerrado de televisión y los canales nacionales transmitían imágenes en vivo de los dos entornos. Los familiares de las víctimas dieron palabras de perdón con voces temblorosas, tratando de retener el dolor y la ira que sentían. Dylann había arrebatado la vida de Ethel Lance, madre de Nadine Collier. Ese día, Nadine dirigió a Dylann unas palabras con abundante gracia.[1]

> Te perdono. Me arrebataste aquello que era sumamente importante para mí. Nunca más podré hablarle nuevamente, pero te perdono. Que tu alma reciba misericordia... me lastimaste. Lastimaste a muchas personas. Si Dios te perdona, yo te perdono.

No sé cómo hubiera reaccionado yo si hubiera estado en su lugar ese día, pero seguro hubiera querido que el río de la gracia de Dios fluyera en mí como fluyó en ella. Podemos perdonar a otros porque Dios nos perdonó. De hecho, si no podemos perdonar a otros entonces no hemos comprendido con verdad el perdón que Dios nos ha dado. En una ocasión, Philip Yancey contó la historia de un amigo suyo que trabajaba en la universidad Wheaton. Contaba que hubo un sermón en especial que impactó su vida de manera excepcional. Sam Moffat era un misionero en China antes de la revolución comunista. Cuando el presidente Mao tomó el poder, los comunistas se apropiaron de su casa, incendiaron la misión hasta las cenizas y asesinaron a muchas de sus personas queridas. Sam y su familia apenas lograron escapar de la muerte y regresaron a su país. Moffat contó cómo después de haber escapado albergó resentimiento contra los comunistas durante algún tiempo. Ese sentimiento de venganza lo consumió hasta llevarlo a una crisis de fe. Ese día les dijo a los estudiantes: "pude entender que, si no podía perdonar a los comunistas, tampoco podría tener un mensaje para dar". Sam Moffat aprendió a perdonar como Cristo lo había perdonado a él. Llegó a sentir el dulce alivio de la liberación y alcanzó un ministerio exitoso como profesor universitario. Comprender la gracia de Dios empieza con ser perdonado y termina con el acto de perdonar.[2]

¿Estamos viviendo dentro de Su gracia?

JUSTICIA RESTAURADORA

La justicia puede ser como el frío acero del castigo, pero la gracia es el elemento que abriga la espada de la justicia. Cuando la gracia alberga la justicia, esta se convierte en restauración, en lugar de una represión. El perdón puede hacer que las consecuencias vacías se transformen en sacramentos de gracia. Andy y Kate Grosmaire conocieron el poder del perdón para transformar la justicia penal en una comunidad de restauración sin abolir las consecuencias jurídicas causada por actos delictivos. La justicia restauradora está cimentada en la gracia de Dios.

Conor McBride amaba a Ann Grosmaire, su novia durante tres años, aunque con frecuencia peleaban por asuntos muy superficiales. Una tarde, mientras estaban en la sala de estar, las peleas llegaron a su punto cúspide. Ann sollozaba y Conor ardía en ira, al punto que sacó un arma y le apuntó al rostro. "¿Esto buscabas?" Le gritó. "¿Quieres morir?" De rodillas, Ann le imploraba: "No, ¡no lo hagas!" Conor tiró del gatillo. Ese 28 de marzo de 2010, a las 2:15 de la tarde, Conor se presentó a la estación local de policía y le dijo al oficial de turno: "Póngame en prisión. Acabo de dispararle en la cabeza a mi prometida. No estoy bromeando". Y rompió en llanto. Conor les dio la llave para entrar a la casa de sus padres y fue ahí donde encontraron a Ann, todavía con algunas señales de vida. La llevaron a la sala de cuidados intensivos del hospital.

Esa primera noche, Andy, el padre de Ann permaneció junto a la cama con aturdimiento. Kate había regresado a casa para descansar y él se había quedado con hija de 19 años, quien estaba inconsciente, envuelta en vendas. Andy oraba con fervor por Ann, y fue en ese momento en que sintió que ella le decía, "perdónalo". Esa sensación fue tan real que de forma contundente respondió con un "¡No! De ninguna manera. Eso es imposible". Sin embargo, Andy no podía escapar de la sensación de que su hija le pedía que perdonara a Conor. Andy y Kate eran modelos de vidas en Jesucristo y el perdón era una pieza central en su fe. Andy recuerda que esa noche tuvo una gran lucha. "Me di cuenta de que no era solo Ann quien me pedía que perdonara a Conor, también era Jesús". Nunca antes le había dado un "no" a Jesús y no podría empezar en ese momento. Fue como una ola de gozo, y pude decirle a Ann: "Sí, lo haré".

Los padres de Conor, Michael y Julie se encontraban de vacaciones cuando supieron la noticia. Michael tomó el vehículo y condujo hasta el hospital. Al llegar, vio una multitud en el corredor y no sabía qué hacer. Se sintió diminuto e inoportuno. Andy se acercó a Michael y lo abrazó. "Gracias por estar aquí", dijo Andy. "Aunque tal vez no quiera verte para cuando termine esta semana". Cuatro días después, los doctores hablaron con Andy y con Kate para explicarles que su hija no estaba mejorando. Tuvieron que tomar la decisión más difícil, la de quitarle el equipo de soporte vital. Ann falleció.

Conor hizo una lista de las cinco personas que podían visitarlo en la cárcel. Entre ellos estaba Kate, la madre de Ann. Cuando supo que su nombre estaba en la lista, Kate quedó consternada, pero dispuso que oraría y después, decidió visitar a Conor. Andy le pidió que le diera un mensaje a Conor. "Dile que lo amo y que lo perdono". Kate pensó: "Hubiera querido darle el mismo mensaje. Conor tenía una deuda con nosotros que era imposible pagar. Liberarlo de esa deuda nos liberaría de esperar algo que pudiera satisfacernos en este mundo".

Andy empezó a reunirse con Michael McBride para almorzar de vez en cuando, algo que permitió que los dos hablaran acerca de la justicia restauradora. July McBride también empezó a investigar del tema. El 22 de junio de 2011 aceptaron tener una reunión. Sujatha Baliga, directora del proyecto de justicia restauradora para el Consejo Nacional sobre Crimen y Delincuencia, fue la mediadora. Fue ella quien estableció las reglas y le entregó a los Grosmaire una fotografía de Ann donde ella mostraba su lengua para que sus padres la vieran cuando la conferencia se tornara demasiado difícil de tolerar. Dejaron la fotografía sobre la mesa, frente a ellos. Uno a uno habló de forma abierta y con sinceridad en esta reunión. En especial Kate Grosmaire, quien no ocultó en lo más mínimo sus sentimientos por la pérdida de Ann. Baliga confesó después: "No hubo un trato gentil en lo absoluto. En realidad, fue algo muy, muy difícil.

Incluso el juez fue mucho más intenso que lo que hubiera sido cualquier otro". Finalmente, fue el turno de Conor. Contó con precisión todo lo que había pasado, dio detalles muy claros. No se justificó en ninguna forma, aunque los Grosmaire se sentaron del lado contrario de la mesa. Julie McBride, quien se sentó a la par de su hijo, se sintió devastada al escuchar la historia completa. Para ella fue muy difícil saber que su hijo había cometido un crimen tan espantoso. Finalmente, Conor recibió una condena de 20 años y después de ello se le otorgó libertad condicional. Perdonar no significa impedir las consecuencias.

Los Grosmaire dicen que no perdonaron a Conor por el bien de él, sino para que ellos mismos se liberaran del pasado. "Todo lo que siento, puedo sentirlo porque perdonamos a Conor", dijo Kate. "Puedo estar triste, pero no estoy atrapada en ese momento en que sucedió ese horrible episodio. Porque si así lo fuera, tal vez no podría salir de él. Para mí, el perdón es una forma de autoconservación". Sin embargo, perdonar no borra los recuerdos ni hace que el dolor desaparezca. Kate cuenta que todavía piensa: "¿Será que el perdón sigue aquí ¿He perdonado esa deuda? Perdonar a Conor no cambia el hecho de que Ann ya no está con nosotros. Mi hija recibió un disparo y murió. Camino en su habitación vacía al menos dos veces al día".[3]

LA ANATOMÍA DEL PERDÓN

Everett Worthington, un profesor de psicología en la universidad estatal de Virginia ha escrito varios libros donde explora la psicología del perdón. A pesar de ello, su análisis profesional se puso a prueba en carne propia después del brutal asesinato de su madre. La víspera de Año Nuevo de 1995, France McNeill de 78 años se fue a dormir temprano, pero su sueño fue interrumpido por un ladrón que ingresó a su vivienda. El intruso la golpeó con una barreta hasta darle muerte y luego, abusó de ella con una botella de vino. En un arrebato de ira, el intruso rompió cada espejo que encontró en la casa; parecía que no quería verse a sí mismo después de lo que había hecho. El caso jurídico contra el principal sospechoso fue desestimado por falta de pruebas y jamás se tuvo un culpable que recibiera condena por este crimen atroz.

A la mañana siguiente, el hermano menor de Everett, Mike, descubrió la escena cubierta de sangre y llamó a Everett, quien llegó lo más pronto que pudo y a partir de ahí, ambos pasaron el día entero recorriendo la casa, tratando de descifrar qué había pasado. Al ver un bate de béisbol en una habitación, Everett recuerda haber pensado: "Desearía tener al tipo enfrente para darle una paliza y sacarle los sesos". A raíz de todos sus estudios acerca del perdón, sabía que los efectos de la falta de perdón eran mucho peores que el proceso por el que pasaría para perdonar a un desconocido. Ese día, Everett decidió perdonar al asesino de su madre.

Everett había desarrollado un modelo de cinco pasos para perdonar. Lo había llamado "REACH" (logro, en español), modelo que decidió poner en práctica para él mismo.

> R – Recuerdo de todo lo malo y todo el dolor sentido.
> E – Empatía con el malhechor como una persona que también tiene sentimientos.
> A – Altruismo con el otorgamiento del perdón, lo cual libera el rencor.
> C – Compromiso propio de perdonar al confesarlo con otros.
> H – Honra del perdón al apoyarse en él cuando la ira vuelva a brotar.

Durante los primero dos días, Everett practicó los cinco pasos del proceso "REACH". El proceso fue agonizante, pero tenía la determinación de trabajar conscientemente en todo el proceso lo más pronto posible; él sabía el impacto emocional posterior al suceso que podría experimentar si dejaba que pasara el tiempo. Sabía que seguiría luchando con los efectos de este proceso durante toda su vida, pero estaba comprometido a iniciar con el proceso en esos dos primeros días.[4] Con los años, Everett ha seguido investigando y escribiendo ampliamente sobre el perdón y ha desarrollado modelos para consejería cristiana con base en su experiencia personal y profesional.

COBRO DE LA DEUDA[5]

Muchos nunca tendremos que perdonar agravios tan terribles. En comparación, los agravios que perdonamos son pequeños, aunque, aun así, cada agravio es una deuda que podemos decidir mantener o liberar. Podemos alimentar el rencor o dejarlo ir. La elección es nuestra. La víctima preserva el poder de perdonar o no, ya sea que el perpetrador intente o no, corregir el agravio. Desafortunadamente, nos aferramos a la deuda saboreando nuestro derecho de venganza. Vamos por la vida cobrando deudas mientras buscamos vengarnos, tratando de que el detractor pague en 101 maneras que son socialmente aceptables. En pocas palabras, nos gusta la idea de desquitarnos de todos los pequeños agravios por los que pasamos. Cobrar la deuda es un sentimiento que deleita, hasta que se amarga.

Gina no puede perdonar a aquel antiguo colega que admiraba por llamarla una "farsa" después de que se publicara su primer libro y les dijera a otros que ella haría cualquier cosa a cambio de un dólar. Dianne decide alimentar el rencor que siente contra la lavandería sin nombre que encogió sus pantalones favoritos. Cuando se quejó, el encargado la vio y le dijo: "Tal vez necesite ejercitarse un poco". Treinta y seis años después, Bárbara sigue aferrada al dolor que siente desde esa vez en que una compañera de trabajo la traicionó cuando había depositado su confianza en ella.[6]

Las traiciones, grandes o pequeñas, son algunas de las deudas más difíciles de perdonar en la vida. Muy de cerca en la lista de cobro de deudas le siguen la crítica y la falta de respeto. ¡Detesto que me critiquen, especialmente cuando tienen razón! Detesto equivocarme. Cuando esto pasa mi orgullo se apropia del rencor y lo deposita en mi banco de memoria para revivirlo una y otra vez. ¿Por qué es tan difícil dejar ir estas pequeñas afrentas y qué nos sucede cuando nos aferramos al rencor? Las deudas diarias se acumulan. Los pequeños rencores crecen y se hacen grandes problemas. El cobro de la deuda parece ser inocente hasta que las deudas empiezan a saturar nuestras almas. Las pequeñas deudas pueden hacer que nuestras vidas caigan en bancarrota si las cobramos por un tiempo prolongado. Nos volvemos en seres amargados y negativos que tratan de que otros paguen por los males que sentimos, incluso cuando enmascaramos nuestra ira detrás de nuestras sonrisas.

En la pared de una oficina de correos en la ciudad de Quebec se aprecia el tallado de un perro royendo un hueso. En sus inicios, la imagen estaba ubicada sobre la puerta en donde vivía un hombre asesinado, como una amenaza de venganza por su muerte.

Soy un perro con un hueso por roer,
Desde abajo y en soledad lo puedo morder;

Llegará el día, por ahora he de esperar,
Pero sí, ha de llegar cuando al fin lo pueda atacar.[7]

Cuando nos quedamos con la idea de roer ese hueso de la venganza, lo que roemos en realidad es nuestro corazón. El cobro de la deuda nos daña psicológica y espiritualmente. La falta de perdón produce una enorme ansiedad y hostilidad. Nos da problemas para dormir, provoca un agotamiento crónico, nos aqueja en la salud y nos impulsa a usar medicamentos que se consumen junto con la falta de perdón. Alimentar el rencor nos conduce a problemas de hipertensión, cambios en el ritmo cardíaco e incluso puede afectar negativamente nuestro sistema inmune. Cuando nos aferramos a nuestros rencores, la hormona del estrés, el cortisol, se eleva de forma abrupta en nuestros cuerpos y da lugar a nuestro mecanismo de lucha o de huida. Si nuestro nivel de cortisol permanece en esos niveles altos por mucho tiempo, la ira puede disminuir nuestro deseo sexual y aumentar nuestros problemas digestivos. La falta de perdón aumenta nuestro riesgo de depresión y de diabetes. El cobro de la deuda puede llevar a un trastorno de estrés postraumático. Prácticamente, la buena salud depende del perdón.[8]

EL LADO OBSCURO DE LA FALTA DE PERDÓN

Mike, el hermano menor de Everett Worthinton, nunca volvió a ser el mismo. Sufrió de estrés postraumático después de haber encontrado el cuerpo de su madre. Los recuerdos, la ira y la indisposición para dejar ir lo que había sucedido lo dominaban. Buscó ayuda en Everett, quien le recomendó consejería, pero Mike nunca se dedicó de forma continua. Evertt intentó ayudarlo sin resultados. La deuda era enorme y la ira lo iba consumiendo. La amargura lo envenenó y finalmente, Mike se quitó la vida en 2005.

1

LAS PRIMERAS PIEZAS
DEL ROMPECABEZAS

"El poder del perdón se diluye para dos grupos de personas. El poder del perdón se diluye para quienes no han resuelto el rompecabezas del perdón. Y se diluye para quienes rechazan usar su poder".[9]
(Wendell Miller)

Susan limpiaba su habitación después de que ella y los niños habían ido de visita a ver a sus padres, fue ahí cuando las encontró. Sintió como que una ráfaga la golpeó en el rostro. El hallazgo fue un surtido de revistas pornográficas que estaban apiladas debajo de la cama. Esa noche, habló con Dick, su esposo, para confrontarlo por lo que descubrió. Entre lágrimas, él se arrepintió y rogó por el perdón de su esposa. Solo había sucedido una vez porque estaba solo y tenía tiempo de sobra. Susan lo perdonó y juntos, tiraron las revistas como una acción de compromiso. Dick era un talentosísimo pastor de jóvenes y un director de alabanza en su iglesia. El ministerio creció con rapidez y en poco tiempo, el incidente se perdió dentro de un horario ocupado en la vida ministerial. Seis meses después, Susan encontró a Dick en la computadora, viendo sitios de pornografía por Internet y de nuevo, él confesó entre sollozos. De nuevo también, ella lo perdonó.[10]

Dos años después, todo empeoró. Susan encontró algunas notas que venían de una joven adulta de la iglesia que servía en el ministerio de alabanza donde detallaba una aventura que Dick tenía en esos momentos con ella. Dick terminó con la relación y esta joven se fue a otra iglesia, pero Susan quedó en una disyuntiva. De nuevo, Dick había confesado y rogado por el perdón de su esposa, pero ¿qué debería hacer esta vez? ¿Dónde podría buscar ayudar? No podía ir con su pastor porque eso provocaría que Dick perdiera su trabajo en la iglesia y él se veía tan convincente en sus disculpas llenas de llanto. Dick debatió diciendo que Dios lo había perdonado y restaurando en el ministerio. Susan trató de hablar acerca de la lucha que sentía en su matrimonio, pero Dick reclamaba si realmente lo había perdonado diciendo que si así fuera, ella habría olvidado todo y que el punto no tendría más efecto en el presente de su relación. Si ella se sentía amargada y con falta de perdón, ahora era su problema de pecado, según decía Dick. Susan aprendió desde muy niña que los cristianos deben perdonar y olvidar las acciones cuando los pecadores hubieran confesado. Después de todo, fue Cristo quien perdonó nuestros pecados para que perdonáramos a quienes pecaran contra nosotros, ¡incluso hasta setenta veces siete!

Un año después, Dick fue infiel de nuevo. Esta vez, Susan tomó a sus hijos y se fue de la casa. Dick perdió su trabajo. Lo que siguió fue un divorcio tortuoso y tiempo después, cada uno volvió a casarse. Unos años más tarde, al ser pastor de Susan, vino a buscarme para consejería. Seguía con amargura y enojo por lo que le había sucedido hacía diez años. Dick había regresado a servir en el ministerio de otra iglesia, donde lo recibieron bien. Sus hijos, ahora unos adolescentes, les gustaba visitar a su papá donde vivía y pasaban buenos momentos con él y con la "nueva" familia. Susan seguía con resentimiento y no entendía por qué si Dios podía perdonar, ella no podía hacerlo. Parecía que Dick volvía a tener todo lo que quería. No le parecía justo. Sentía que Dios estaba lejano, que la mayoría del tiempo no podía sentirlo y que ella no había podido recuperar esa relación cercana que tuvo con Dios en el pasado. Las heridas emocionales eran profundas y ella necesitaba hablar al respecto.

Toqué el tema del perdón. "Necesitas perdonar a Dick, no por el bien de él, sino por el tuyo. Dios no nos concedió una goma borradora para eliminar el pasado y es imposible que eliminemos nuestros recuerdos, pero sí podemos liberar esa amargura y dársela a Dios. Necesitas abandonar la carga que llevas encima porque es la única manera en que puedes volver a avivar esa relación cercana con Dios". En ese momento explotó. "Claro, siempre me dijeron que hay que perdonar, que lo aceptara de nuevo y olvidara el pasado. Perdonar significa que piense que eso nunca pasó. Pues bien, ya no quiero ser parte de eso, lo aclaro ahora mismo. Perdoné con sinceridad, pero eso no funcionó, entonces no me venga con el tema del perdón".

Contesté con tranquilidad. "A ver, ¿qué pensarías si te digo que el concepto que tienes de perdón no es el que enseña la Biblia? ¿Me escucharías?" Pareció interesarle, por lo que Susan y yo pudimos empezar con nuestro análisis de los conceptos erróneos del perdón para poder encontrar el poder de sanidad con el conocimiento de lo que sí es el perdón.

El perdón parece ser fácil de entender cuando nos cuentan historias desde el púlpito, pero de alguna forma, es mucho más complicado en la vida real. El primer paso por tomar es ayudar a Susan a refutar las nociones falsas del perdón que inhiben el conocimiento real para que el perdón tenga efecto. Los cristianos son excelentes propiciadores. Damos ese permiso a la gente para que siga pecando por medio de puntos de vista falsos del perdón, mientras vamos agregando enormes pesos de resentimiento a nuestras almas. A menudo, la gracia desvalorizada lleva a que el "perdonado" tenga una vida sórdida y a que el "perdonador" viva en esclavitud. Cuando Dios disciplina con severidad la vida de una persona por medio de la culpa, con frecuencia actuamos para aliviar esa culpa, lo que contraviene la gracia disciplinaria de Dios antes de que haga su obra perfecta. La otra cara de la moneda es igual de mala. He aconsejado a personas que han llegado tan lastimadas por múltiples pecadores y esa gracia propiciadora, al punto que han endurecido sus corazones contra la gracia sanadora del perdón verdadero. Debemos destruir los mitos del falso perdón antes de que podamos comprender el poder liberador del perdón verdadero.

NOCIONES ERRÓNEAS DEL PERDÓN

Existen cuatro nociones que hablan del perdón habitual entre los cristianos. Estas nociones rompen el significado real del perdón y provoca que muchos se rehúsen a perdonar por completo. "Si el perdón significa eso, entonces no quiero ser parte de eso" es una frase común que he escuchado de personas heridas por el pecado en serie. Con frecuencia vemos un perdón simple que se basa únicamente en un arrepentimiento barato. El pecador carece de arrepentimiento verdadero, pero el perdonador "se ve obligado" a perdonar. Como resultado vemos que el pecador simplemente abusa del perdonador una y otra vez, repitiendo el pecado en nuestras iglesias evangélicas, avergonzando terriblemente la honra de Dios. Este problema se fundamenta en un concepto infantil del perdón que suele ser popular, pero es incorrecto teológicamente y causa un daño terrible. El "perdonador" se ve marcado de por vida y se llena de un resentimiento asfixiante que paraliza el alma. Demasiadas iglesias y cristianos se adhieren a estas falsas ideas infantiles y dañinas.

IDEA FALSA n.° 1: *La noción de que el perdón significa absolución.*

La lógica equivocada sugiere lo siguiente: "Ya dije que lo sentía. Me perdonaste. Ahora, estoy libre de toda consecuencia. El pecado queda olvidado. Piensa que eso nunca pasó". En realidad, el perdón no elude las consecuencias de la conducta en el pasado. Muchos pecados acarrean consecuencias sociales que siguen mucho después de haber perdonado el pecado y dicha vista de perdón anula toda justicia social. El ladrón todavía debe pagar a la sociedad por las consecuencias de sus robos, incluso si la persona a quien robó lo ha perdonado. Los divorcios no se deshacen de manera automática porque ya hubo perdón. El abuso de drogas en el pasado sigue teniendo efectos emocionales y mentales en el presente. Aquel bebé que murió en un aborto no regresa a la vida. La confianza quebrantada y traicionada no se restaura automáticamente por unas cuantas palabras. Las equivocaciones se pueden perdonar, pero las consecuencias que causaron dolor todavía deberán enfrentarse. El perdón no absuelve a las personas de todas las consecuencias, ni tampoco significa que el pasado se olvide por completo, como si eso fuera posible.

A medida que me dedico al tema del perdón, también escucho las quejas de aquellos que se esfuerzan por perdonar. La queja más común es que ¡el perdón es injusto! ¿Por qué el pecador debe salirse con la suya después de haber pecado? ¿Por qué la víctima debería pagar el precio provocado por la violación de su victimario? En esta queja hay una verdad a medias. Sí es cierto que el perdonador paga el precio del perdón, pero lo hace porque Dios ya pagó el precio en la cruz. Es verdad que el perdón no parece justo, pero Dios sí es justo. La justicia de Dios llegará a su plenitud de una forma o de otra. Dios conoce el corazón que nosotros no podemos ver. Si el pecador no se arrepiente, Dios será quien se encargue de hacer justicia a Su tiempo. Si el pecador se arrepiente verdaderamente, entonces Dios manejará las consecuencias como Él crea conveniente. Cuando perdonamos no necesariamente significa que el pecador se sale con la suya después de haber pecado.

La justicia de Dios tiene diferentes facetas. El perdón significa que podemos volvernos a Dios y dejar que Él se encargue. La venganza no es nuestra prerrogativa, es la de Dios (Deut. 32:35; Heb. 10:30; Rom. 12:19), y cuando perdonamos a alguien, ese perdón tiene como fundamento la fe en la fidelidad de Dios. Él siempre hará lo correcto. Si soy un pecador buscando perdón, entonces confío en que Dios maneje mis consecuencias de acuerdo con Su sabiduría. No puedo esperar que el perdón de Dios me absuelva de todas las consecuencias dolorosas. El rey David aceptó la muerte de su bebé a consecuencia de su pecado (2 Sam. 12:14-23) y se sometió a la decisión de Dios que le negara la honra de construir el templo porque sus manos estaban manchadas de sangre (1 Crón. 22:7). Aunque Moisés fue perdonado, nunca pudo ver la Tierra Prometida que había ansiado ver toda su vida, a causa de un momento impetuoso de pecado (Núm. 20:12; 27:12-14; Deut. 34:4). Dios maneja las consecuencias de manera justa, incluso para el perdonado.

IDEA FALSA n.° 2: *La noción de que el perdón significa acercamiento.*[11]

La lógica equivocada sugiere lo siguiente: "Ya dije que lo sentía. Me perdonaste. Ahora entramos a una relación nueva y mucho más cercana e íntima. Dios presionó la tecla para borrar y eliminó todo lo malo en nosotros, por lo que ahora estamos más unidos". Lo lamentable es que esta idea hace que el pecador mantenga al perdonador como su rehén. Muchos que han agraviado terriblemente a una persona la obligan a estar en una relación que intensifica el problema y envenena el alma del perdonador, dejándole un resentimiento creciente a raíz de sentirse una persona fácil de manipular. Un hombre me miró a los ojos cuando hablábamos del perdón y me dijo, "si perdono, ¿significa que tengo que ser su mejor amigo? ¡No creo que pueda hacer eso!" Expresaba con sinceridad sus sentimientos, aunque omitía la posibilidad de que la gracia de Dios los transformaría a su tiempo. Como un instinto, él señalaba una falacia común en nuestra manera de pensar popular acerca del perdón: que el perdón significa acercamiento.

El perdón no es una reconciliación y muchos que explican el perdón lo describen como una reconciliación que lleva a muchos cristianos a pensar que el perdón y la reconciliación son doctrinas sinónimas. La reconciliación siempre es un proceso de dos personas. Las dos partes de la relación participan en la reconstrucción de la relación. El perdón puede ser de parte de una sola persona; el perdonador perdona el daño, incluso cuando el pecador se niega a arrepentirse. La reconciliación se trata de relaciones dañadas, mientras que el perdón trata principalmente de acciones equivocadas. Usted perdona la equivocación, pero se reconcilia en una relación dañada. Estas dos doctrinas no son lo mismo, aunque se ven directamente enlazadas. El perdón es necesario antes de que se dé una reconciliación, pero el perdón no debe equipararse con la reconciliación.

Algunos pecados provocan que el acercamiento sea algo malo. Es decir, no podemos tener un acercamiento en una relación pecaminosa o peligrosa. Incluso Dios no puede reconciliarse con nosotros sin haber rectificado el pecado que nos impide tener esa fraternidad con Él (2 Cor. 5:17-21). Las relaciones violentas necesitan la prueba de que se ha dado un cambio en la conducta antes de poder reconciliarse en la relación. El perdón hace posible el acercamiento, pero esto no es algo que se dé automáticamente. El perdón es el fundamento sobre el cual se construye la reconciliación. No existe un acercamiento verdadero sin perdón; no obstante, perdonar no significa que dos personas se convierten en "los mejores amigos" de forma instantánea. El acercamiento necesita una reconstrucción de la confianza. El proceso no avanza a un ritmo determinado ni certero, pues suele ser variante e inestable. Es como si lo comparáramos con una montaña rusa y no con una escalera constante. Todas las nuevas acciones y nuevos capítulos son los que contribuyen a la reconstrucción de la relación, pues influyen en el proceso de manera novedosa y desafiante, sea para bien o para mal. Con frecuencia se necesita de nuevas acciones de arrepentimiento y perdón a medida que la relación crece y se moldea. Todos queremos que el perdón nos lleve al acercamiento, pero no podemos suponer que ese será el resultado cuando se acaba de dar el perdón.

IDEA FALSA n.° 3: La idea de que el perdón es la conclusión del problema.

La lógica equivocada sugiere lo siguiente: "Ya dije que lo sentía. Me perdonaste. Ahora 'borrón y cuenta nueva', aquí se termina el asunto.

Se consiguió el objetivo. Alcanzamos nuestra meta". El problema es que el perdón no es el final. El perdón es el principio, no el fin. Por alguna razón, hemos desarrollado la perspectiva de que el perdón es la meta, en lugar de que es el camino a la meta. La meta de Dios no es el perdón. Hemos confundido el método con el objetivo. La meta de Dios es que seamos como Cristo. Dios nos transforma en un proceso continuo, para llegar a ser la imagen de nuestro Salvador (2 Cor. 3:18). La meta de Dios no busca menos que nuestra santidad (1 Pedro 1:16). Dios no queda satisfecho con solo perdonar nuestros pecados. Dios nos ama demasiado como para que el perdón de nuestros pecados nos permita seguir pecando (Rom. 6:1). Dios nos salvó para santificarnos, para hacernos santos. Dios nos llamó para que busquemos la santidad (1 Pedro 1:13-16). Nos proveyó de cada recurso necesario para convertirnos en partícipes de su naturaleza divina, habiendo escapado de la corrupción de este mundo (2 Pedro 1:3-4), pero hemos de ser diligentes al usar los recursos para alcanzar la meta que Dios tiene para nuestra santidad (2 Pedro 1:5-11). Frederic Godet escribió:

> ¡Cuántos se expresan como si, una vez lograron alcanzar el perdón y la paz en el perdón, todo hubiera llegado a su fin, como si el trabajo de salvación se hubiera completado! Pareciera que no supieran que la salvación se trata de la salud del alma y que esa salud depende de la santidad. El perdón no es la recuperación de la salud, es la crisis de la convalecencia. Si Dios cree conveniente declarar justo al pecador, lo hace para que, por ese medio, lo pueda restaurar a la santidad.[12]

¿Puede Susan pecar al perdonar a la ligera? Yo creo que sí. Dios nunca perdona a la ligera porque Dios comprende que el perdón no es la meta, sino es un paso hacia la meta. La meta de Dios para Dick no era que regresara a su pecado, sino que fuera transformado por la gracia de Dios para tener una vida santa. En ese entonces, tal vez Susan llegó a pensar, "Tengo que perdonar a Dick para salvar mi matrimonio. Haré lo necesario para salvarlo". Eso es incorrecto. Ella no tendría que hacer nada para salvar su matrimonio porque su lealtad la debe a Dios. No debe abandonar su fe para salvar su matrimonio. La meta es muy pobre. La meta no es perdonar. La meta ni siquiera es salvar un matrimonio. No es así como se concluye con un asunto. Los objetivos de Dios son mucho mayores que nuestros propios objetivos, porque el perdón de Dios es mucho más grande que nuestro perdón (Rom. 8:28-30). Dios entiende que el perdón no es el final, sino el principio del proceso, pues el perdón se obtiene para llegar a la meta de la santidad. El perdón que no nos lleva a la justicia, no es el modelo de Dios para nuestras vidas. El perdón que no nos lleva a cambiar nuestras vidas, no es el plan de Dios para nuestras vidas. No debemos conformarnos con la meta mínima del perdón, como si se tratara de alcanzar el perdón para cerrar el asunto. El perdón es el principio de un proceso que Dios usa para que nuestras vidas alcancen Su meta, que es la verdadera santidad.

IDEA FALSA n.° 4: La idea de que el perdón significa olvidar el pasado.

La lógica equivocada sugiere lo siguiente: "Ya dije que lo sentía. Me perdonaste. Ahora olvida todo y nunca lo vuelvas a mencionar. Cuando perdonas a alguien, te olvidas de la ofensa. Nunca más vuelves a hablar del pecado".

Este es uno de los falsos conceptos más dañinos acerca del perdón porque esta lógica acciona la tensión en la relación y elimina toda esperanza de tener sanidad verdadera. Si es algo que no puede mencionarse de nuevo en ninguna circunstancia o razón, entonces tampoco se puede crecer en la relación. Si se trata de olvidar todo lo malo que alguna vez sucedió entonces usted está decidiendo vivir en negación. Un futuro saludable no se puede desarrollar al fingir que el pasado nunca sucedió. El consejero cristiano, Dan Allender, escribe de una forma muy conmovedora acerca de las luchas que atraviesan aquellos que han pasado por el abuso y el terrible consejo que en ocasiones reciben cristianos con buena intención, acerca del perdón. "El perdón que se construye sobre el 'olvido' es la versión cristiana de una lobotomía frontal. ... Esconder el pasado siempre involucra negación, la negación del pasado siempre es una negación de Dios. Olvidar su historia personal es equivalente a tratar de olvidarse a sí mismo y al recorrido al que Dios le ha llamado a vivir".[13]

El perdón nos permite trasladarnos de la esclavitud del pasado a un principio nuevo en el futuro. Por ello, el perdón es más un comienzo que una finalización. Es un inicio fresco, una relación nueva porque la relación vieja ya había sufrido el daño del pecado. El perdón finaliza la vieja relación e inicia una nueva. El perdón es un suceso que inicia con un proceso. El proceso del perdón siempre incluye la memoria de un pasado que estuvo mal. El proceso también se ve afectado por todo aquel suceso que se da en la relación porque las relaciones son dinámicas y cambiantes. Estos sucesos dan forma al proceso del perdón para bien o para mal. Aquello que se perdonó, en ocasiones debe volver a discutirse si esto afecta los nuevos sucesos que dan forma a la relación. Después de todo, somos producto de nuestro pasado, por lo que el pasado no puede dejarse como algo sin sentido para el presente o el futuro. Lo que hicimos en el pasado afecta lo que hemos pasado y debemos lidiar con ello, incluso cuando ya se haya perdonado.

Dios perdonó a Pedro por negar a Jesús tres veces, pero Dios plantó en la mente de Pedro un recordatorio constante de su pecado. Cada vez que el gallo cantó, Pedro recordaba su pecado y así pasó el resto de su vida (Mt. 26:34). Dios llevó a Pedro a pensar intensamente en su pecado día a día. Dios usó ese impulso para que Pedro tuviera la opción de advertir a otros de que las pruebas son un examen de nuestra fe (1 Pedro 1:6-7), de que debemos regocijarnos en el Señor cuando otros nos ponen en evidencia, pues nuestra identidad está en Él (1 Pedro 4:14), en que Dios ama a los humildes pero humilla a los altivos (1 Pedro 5:5-6) y de que debemos guardar nuestras almas para mantenernos firmes en nuestro Señor (2 Pedro 3:17). El pecado se perdona, pero no se olvida. Lo que sí es seguro es que para Dios es de gran utilidad, así como cuando transformó a Pedro en la imagen del Hijo a quien negó. Pedro aceptó el perdón de Dios que liberaba el poder controlador de ese recuerdo pecaminoso para que pudiera convertirse en una fuerza positiva en su vida y dejar a un lado la esclavitud.

¿Por qué Dios querría abordar nuestro pecado incluso después de haberlo perdonado? ¿Por qué hemos de abordar el pecado de alguien a quien ya hemos perdonado? El recuerdo del pecado perdonado se repite para bienestar de la persona perdonada. Perdonar significa que no podemos apropiarnos de rencor, por lo que cuando abordamos el recuerdo, no se hace en un intento de hacer que el pecador pague por lo que hizo o como una expresión de nuestra amargura (1 Tes. 5:15). Dios no guarda rencor contra quienes Él perdonó. Sin embargo, Dios (y nosotros) debemos volver a hablar del tema de nuevo si el pecador sigue en el mismo patrón o si el pecado del pasado daña la relación del presente. Ignorar el pasado es repetir el pasado. Mucho de lo que se cree que es perdón no es más que la negación disfrazada de perdón. Una memoria nublada o una conciencia cauterizada no es perdón.

El consejero cristiano Wendell Miller que pasó varios años trabajando en la consejería sobre el perdón, explica este tema tan importante.

> Las definiciones equivocadas más populares son: 'el perdón es vivir como si ya lo hubieras olvidado' o 'el perdón se trata de no volver a mencionarlo nunca'. La persona ofendida no tiene que actuar como si hubiera olvidado, a menos que el amor ágape así lo requiera. Puede volverse a mencionar de nuevo si esto es de beneficio para el ofensor, si esto es un acto de amor y no un acto de venganza. Puede hablarlo con la iglesia local o con las autoridades civiles siguiendo lo que dicen las Escrituras, lo cual será bueno para el ofensor (Mt. 18:15-17; Ef. 4:15; 4:29).[14]

Es la misma verdad para Dios. Dios puede mencionar nuevamente nuestro pecado y así lo hará, si al volver a mencionarlo esto nos permite crecer en santidad al magnificar su abundante gracia. Dios sabe que el pasado puede ser un motivador poderoso para el presente y también sabe que en última instancia traerá nuestros pecados a Su tribunal precisamente para mostrarnos su gracia y que así, podamos agradecerle aún más, por toda la eternidad.

¿No decía Dios que cuando nos perdona Él olvida nuestros pecados? En realidad, fue el profeta Jeremías quien citó a Dios cuando dijo: "Perdonaré su maldad, y no recordaré más su pecado" (Jer. 31:34). ¿No nos enseña este versículo que cuando Dios perdona nuestros pecados, también en su memoria se borran todos esos pecados y nunca más los trae a su mente? No. Podemos recordar el pasado, pero no podemos deshacer el pasado. En ocasiones, hemos manchado nuestro historial y nos gustaría presionar la tecla para eliminar esas manchas del disco duro, pero para este historial no existe una tecla para borrar. Tenemos cierto consuelo al saber que Dios no puede reescribir lo que se ha hecho. Dios perdona, pero no olvida.[15]

Existen dos razones por las cuales digo que Jeremías 31:34 no significa que Dios olvide lo que perdona. Primero, al tomar este versículo en un sentido totalmente literal, lo que hacemos es anular la omnisciencia de Dios. Omnisciencia significa que Dios sabe todo del pasado al futuro, desde las razones internas hasta las acciones externas. Si Dios puede "olvidar" nuestros pecados de forma que entendamos que se eliminan de su mente, eso significaría que Dios dejaría de saberlo todo. Eso implicaría que Él se limitaría del conocimiento que tiene de nosotros. Además, por lo general nuestros pecados pasados traen consecuencias a nuestro presente y a nuestro futuro. No nos forman solo los buenos hechos que hagamos, sino también los malos. Dios tiene la labor de remodelarnos a la imagen de Jesucristo en cada aspecto de nuestra vida. Debemos tener el conocimiento de qué hicimos para remodelarnos en lo que Él quiere que seamos. El conocimiento que Él tiene de nuestros pecados es importante porque así, Él puede santificarnos por medio de Su gracia. El conocimiento que Él tiene de nuestro pasado es necesario para que pueda ayudarnos a lidiar con las consecuencias del pecado en el presente y en el futuro. La omnisciencia de Dios es necesaria para alcanzar una santidad completa. Es necesario que Dios recuerde nuestros pecados para que Él reforme nuestras vidas.[16]

Por otro lado, llegará el día en que cada creyente comparezca ante el tribunal de Cristo (2 Cor. 5:10; 1 Cor. 3:13-15). El tribunal será tanto para creyentes como para no creyentes, pero actualmente, la tendencia es arruinar la idea de ese tribunal con esta línea de razonamiento: "Dios perdona nuestros pecados cuando nos arrepentimos y aceptamos a Cristo como nuestro Salvador. Dios deja de recordar esos pecados y nunca más los mencionará porque han quedado enterrados debajo de la sangre de Cristo. La sangre de Cristo cubre los pecados de nuestro pasado, pero también los del futuro, por lo que nunca más tendremos que enfrentarnos con esos pecados de nuevo". El defecto de este argumento se encuentra cuando Pablo nos dice muy enfáticamente que "todos nosotros debemos comparecer ante el tribunal de Cristo, para que cada uno sea recompensado por sus hechos estando en el cuerpo, de acuerdo con lo que hizo, sea bueno o sea malo" (2 Cor. 5:10). Por medio de este texto entendemos que tanto nuestros actos buenos como los malos (acciones), se volverán a mencionar en nuestra presencia en este tribunal y recibiremos nuestra recompensa de Dios de acuerdo con esos actos. Pablo escribió en 1 Corintios 3:13-15 que nuestras obras se harán evidente ese día. El fuego mismo probará la calidad de la obra de cada uno. Toda obra que permanezca recibirá recompensa, pero toda obra que se consuma en el fuego sufrirá pérdida, aunque "nos salvaremos como si escapáramos del fuego". Somos perdonados y nuestros pecados han sido cubiertos por la sangre de Cristo para vida eterna. Dios nunca los retendrá en contra nuestra para evitar que vayamos al cielo. Está claro que nuestros pecados serán mencionados en el tribunal y se consumirán en el fuego ante nuestros ojos. Nos arrepentiremos de nuestras faltas y recordaremos nuestros pecados porque han sido perdonados por la gracia de Dios. Nuestros recuerdos nos causarán dolor, pero nos llevarán a la alabanza del Señor, por su eterna gracia. Las recompensas no serán las mismas para todos, pues no todos habremos vivido con la misma fidelidad a Dios. Dios nos ha dado todo lo que necesitamos para vivir en santidad (2 Pedro 1:3). Todos iniciamos con los mismos recursos, pero no todos permanecemos con la misma fidelidad para usar esos recursos.

¿Cuál es el propósito de Dios al volver a mencionar nuestros pecados en el tribunal de Cristo? El propósito de Dios es purificarnos como su acto final de santificación. El tribunal de Cristo completa nuestro proceso de santificación. Una vez hayamos enfrentado las consecuencias de nuestros pecados, entraremos a la gloria del reino para nunca más tener que enfrentarlos de nuevo. En ese momento dejaremos de ser hallados culpables, pero no hasta el regreso de Jesucristo (1 Tes. 5:23-24). Finalmente seremos perfectamente puros y totalmente santos. Finalmente pondremos en práctica para lo que nos preparamos. Seremos total y absolutamente como Cristo. La razón de que Dios recuerde nuestros pecados no es para que paguemos por ellos, sino para mostrarnos cómo ha pagado por ellos. Dios no recuerda nuestros pecados como si fuera un médico forense o un juez. Ninguna condenación se posa sobre nuestras cabezas (Rom. 8:1). Dios recuerda nuestros pecados de manera relacional. Nos ama tanto para olvidar lo que hicimos. El propósito de Dios es purificarnos por medio de un fuego que limpia, la llama de su santa gracia. El plan de Dios es llevarnos al punto en donde nunca más volvamos a pecar. El contexto de la promesa de Dios en Jeremías 31:34 es escatológico. La promesa se asocia con el futuro final del pueblo de Dios cuando ya no haya necesidad de aprender de Dios porque su conocimiento de Él será total. Hasta ese momento, Dios conoce nuestro pecado y nos ayuda a lidiar con ese pecado por medio de su gracia. Hasta ese momento, el perdón es un acto pasado y un proceso continuo de la gracia de Dios en nuestras vidas.

El pasado no puede olvidarse, solo puede perdonarse. El perdón no es como una barra de jabón que limpia la memoria o una decisión que cierra la boca para no volver a tocar el tema de nuevo. Cuando el pasado se perdona, el pasado deja de controlarnos. El pasado se recuerda porque es parte de nuestra realidad. Se recuerda, pero ya no nos domina. El perdón nos libera del poder del pasado y nos permite movernos en la libertad de la gracia de Dios. El perdón es un nuevo comienzo entre Dios y el hombre. Cuando Dios nos perdona, nos libera de la esclavitud de nuestros pecados. Cuando perdonamos a otros, nos liberamos de la esclavitud de nuestro pasado. El perdón es el medio necesario para nuestra liberación y esa liberación es la que nos conduce a la renovación.

2

LAS DOS CARAS

Claro está que la clave del asunto es la intriga que se tiene acerca del perdón. El olvido se puede manejar únicamente con el paso del tiempo, pero el perdón es un acto intencional que es decisión exclusiva del agraviado.[17]
(Simon Wiesenthal)

Necesitamos un vocabulario más amplio para definir el perdón. La palabra "perdón" en español, por lo general pinta un paisaje de nuestra alma con un enorme pincel, considerando que es el remedio milagroso para el sufrimiento. El perdón no es una píldora que tomamos para curar todas nuestras dolencias o sanar nuestras heridas. El perdón no sana el dolor ni restaura la confianza traicionada. El perdón no aleja la pérdida de un trabajo ni quita la punzada de la humillación. Si nuestra herida viene como una corrección de la mano de Dios, el perdón no la sanará. Si estamos atravesando un sufrimiento porque en el diseño de Dios esto nos forma conforme a su propósito, entonces el perdón no eliminará ese sufrimiento. El perdón es la cura para algunos sufrimientos específicos. Una cirugía no se realiza para curar todas las enfermedades de un cuerpo; de la misma manera, el perdón no sana todo el dolor. Estaba en lo correcto el filósofo Miguel de Unamuno: "Toda persona que perdona todo, no perdona nada".[18]

¿Entonces qué necesidades son las que alivia el perdón? Dado que es más fácil entender el perdón a un nivel humano porque es más concreto, empecemos con el perdón humano para ayudarnos a comprender el perdón de Dios. Permítame presentar una ilustración del perdón en blanco y negro, sin negar que la mayoría de los escenarios no son tan simples. Juan habla con Luis para que le preste $20,000 con el propósito de emprender un restaurante y se compromete a pagarlos cuando el negocio prospere. El restaurante de Juan se ve exitoso y él disfruta de los beneficios materiales de esas ganancias que han incrementado. Después de tres años, Luis visita a Juan y le pide que le pague el dinero. Su hija está a punto de irse a la universidad y Luis necesita esa suma para pagar la educación universitaria de su hija. Juan reconoce la deuda hacia Luis y aunque su negocio había estado muy bien, lamentablemente la comuna decidió romper la calle frente al restaurante para construir una circunvalación alrededor de la ciudad. Sus ganancias se han venido abajo y ahora no tiene el dinero para pagar la deuda a Luis. Entonces, Luis perdona la deuda. Le explica a Juan que ya no le debe nada. Luis libera a Juan de la deuda y le promete que no llevará el caso a los tribunales. Juan se siente muy agradecido y le dice a Luis que si puede hacer algo para ayudarlo, que lo hará con mucho gusto. Ambos asisten a la misma iglesia. Ahí, Juan es el director voluntario de coro y Luis es un diácono. Luis ha decidido tratar a Juan con amabilidad a pesar de la tensión en la relación, por ello, también decide no hablar con nadie de la deuda. Se esfuerza para apoyar públicamente la controvertida solicitud de presupuesto que hace Juan en la asamblea anual, en donde pide fondos para comprar un nuevo piano eléctrico. Luis y Juan no son los mejores amigos. No se reúnen para tener almuerzos familiares ni para jugar algún partido en las ligas locales. De hecho, rara vez se ven fuera de la iglesia. Al menos en la iglesia mantienen una relación cordial y pueden trabajar juntos por el bien del ministerio.

ENMARCADO DEL PERDÓN

El perdón es la cura para una necesidad específica. Veo tres elementos importantes que enmarcan la necesidad que cura el perdón. Primero, para perdonar una persona debe habernos dañado personalmente; debe habernos lastimado o tener una cuenta pendiente de pago con nosotros. Juan no puede perdonar a Luis porque Luis no ha hecho nada malo en contra de Juan. El perdón es como una calle de una sola dirección. Puede que haya varias calles que vayan en una dirección y otras en contra, pero cada momento de perdón se trata de una acción específica, una que va en una dirección. Perdonamos a una persona por lo que hace, no por quien es.[19] Tal vez no nos guste su personalidad y tal vez cuestionemos su carácter, pero esos aspectos no los elimina el perdón. Dios perdona nuestros pecados, no nuestras personalidades. Dios perdona las acciones que quebrantan los estándares de Su carácter. Dios perdona esas fallas que cometemos cuando tratamos de obedecer sus mandamientos. Los pecados pueden identificarse. No perdonamos a una persona por ser mentirosa. Perdonamos a esa persona por haber mentido. ¿Existe otra forma de saber si una persona es mentirosa aparte de que nos mienta? No perdonamos a una persona por ser un majadero. Tal vez no nos agrade. Tal vez no podamos confiar en esa persona, pero el perdón no hará que esa persona nos agrade o que podamos confiar en ella. No podemos cambiar el carácter de una persona por medio del perdón, pero podemos liberar el daño que hizo. Dios no cambia el corazón por medio del perdón. Él perdona cuando hacemos algún daño, Él redime lo que somos que vale la pena transformar.

Segundo, el daño que se ha hecho debe ser personal. El daño debe habernos lastimado de forma personal. No perdonamos a una persona por hablar demasiado. Personamos a una persona por haber esparcido un rumor acerca de nosotros que nos lastimó de manera personal. No perdonamos a una persona por no respetar la luz roja del semáforo, a menos que no respetarla nos cause un daño personal. El pastor no puede perdonar a Juan una deuda de $20,000 porque Juan no le debe al pastor. Únicamente Luis puede perdonar a Juan la deuda de $20,000 porque es a Luis a quien se le debe el dinero. No tenemos derecho de perdonar una deuda que no se nos debe. El pastor no puede perdonar a Juan en nombre de Luis, ni tampoco la iglesia tiene derecho para liberar a Juan de la deuda que tiene con Luis. El perdón es personal. Lewis Smedes resalta: "Nuestras heridas nos dan el derecho de perdonar de la misma forma en que una pierna herida da derecho a recibir atención en la sala de urgencias. El propósito del perdón es sanar heridas. Por ello, solo aquellas personas que han sufrido dolor son quienes tienen derecho de perdonar a la persona que causó ese dolor... El perdón es un asunto que le concierne exclusivamente a la víctima y al victimario. Todos los demás deben hacerse a un lado".[20] El daño se percibe porque nos lastima personalmente. No perdonamos a una persona por robarle a otro. No perdonamos una mentira de alguien más, a menos que esa mentira lleve a conclusiones falsas que dañen nuestra relación. El perdón aleja el daño específico que nos ha lastimado de manera personal.

En tercer lugar, debemos poder atribuir una culpa específica por el mal cometido. El perdón no funciona bien cuando no está claro en medio de sentimientos generales. Tal vez Juan sea un extrovertido con una personalidad sociable, contagiosa y muy persuasiva. Tal vez Luis cree que Juan tiene algo de estafador y arriesgado, por lo que debería ser más cuidadoso. Sin embargo, no se perdona a una persona por ser extrovertida, estafadora o arriesgada. El perdón no aborda las percepciones personales ni las valoraciones subjetivas. Luis perdona a Juan por el dinero que le debe y libera todo rencor que pudiera mantener en contra de Juan. Luis podría pensar que Juan no ha sido tan sabio en sus decisiones comerciales. Tal vez Juan trataba injustamente a sus empleados, pero esas malas acciones no agraviaron a Luis, por lo que no son situaciones que el perdón pueda curar. El perdón lucha con las heridas que se identifican, aquellas en contra nuestra por las que exista una culpa específica que pueda ser perdonado.

¿Qué significa perdonar? En griego existen dos palabras principales que significan perdón y que se usan en el Nuevo Testamento. La primera palabra significa liberar o soltar; esta puede usarse con la ideal jurídica del divorcio (1 Cor. 7:11). La palabra significa cancelar un préstamo (Mt. 18:27) o liberar a una persona de la deuda (Mt. 18:32). Por lo general, esta palabra se usa coloquialmente para "dejar" (Mt. 4:11; 8:15; 18:12; Mr. 1:18; Lc. 5:11; Jn. 11:44; 16:28) alguien o algo. También se usa "dejar de dar permiso", "permitir" o "conceder" (Mt. 19:14; Mr. 10:14; 11:6; Lc. 18:16). El pecado provoca una deuda que debe pagarse. El pecador es un deudor y su deuda es el precio de su pecado. De acuerdo con la teología, la culpa es una deuda adquirida y el perdón libera al pecador de esa culpa.[21] Dios abandona esa deuda, deja de llevar el registro de esa deuda contra el pecador.

La segunda palabra significa favorecer (o ser benignos) con libertad (Ef. 4:32). La palabra también puede usarse para "dar" (Lc. 7:21; 1 Cor. 2:12; Fil. 2:9; Gal. 3:18). El perdón significa que tratamos a una persona con gentileza (benignidad) sin esperar algo a cambio. Damos gracia o gentileza. La palabra se usaba para describir el pago que hacía el perdonador sobre una deuda monetaria del perdonado y en este sentido, significaba redimir o perdonar la deuda.[22] De esta manera, el perdón libera la deuda con justicia y trata al deudor con una bondad inmerecida. El perdón descarta el derecho de querer vengarse de una persona que nos ha hecho daño y en lugar de ello, trata a esa persona con bondad.

CATEGORÍAS

A medida que examino el uso bíblico de estos dos términos principales en el Nuevo Testamento, encuentro que el perdón encaja en dos categorías generales. A estas categorías las llamo "tipos" o "rostros" del perdón. La primera categoría es un perdón judicial y la segunda categoría es un perdón relacional.[23] La esencia de estos dos rostros del perdón es el acto de la liberación, aunque cada tipo de perdón libera diferentes aspectos de las malas acciones que se hacen a la persona. El pecado siempre provoca un castigo o una deuda. Por lo general, al sentimiento de esta deuda la llamamos "culpa". Sin embargo, el pecado también produce alienación o separación de contra quien se pecó. El pecado produce un resultado judicial y uno relacional para el pecador. Las dos clases de resultados requieren dos clases de perdón. Dios trata con los dos rostros del perdón cuando nos acercamos a Él por medio de Cristo. Nos libera de la deuda que adquirimos (muerte - Rom. 6.23) y nos libera del distanciamiento que sentimos (enemistad - Col. 1:21). El primer resultado lo libera el perdón judicial, mientras que el segundo lo libera el perdón relacional. El perdón judicial es Dios en su papel de juez de un tribunal. Nos absuelve sobre el fundamento del pago que Cristo hizo por nosotros. El perdón relacional es Dios en su papel de padre en su habitación. Deja la ira que tiene por nuestro pecado y nos trata con favor nuevamente.

EL PERDÓN JUDICIAL LIBERA:

- la culpa
- la deuda
- el castigo
- la venganza

EL PERDÓN RELACIONAL LIBERA:

- el alejamiento
- la separación
- la amargura
- la disciplina

Muchos cristianos, incluso algunos maestros de la Biblia tienen confusión con esta distinción básica. La confusión teológica sobre la definición lleva a una confusión práctica sobre la disciplina. Nuestras expectativas de perdón vencen el método de Dios de producir santidad, al menos en nuestras mentes. Ya que la meta de Dios es que seamos santos, la disciplina sobre el pecado es una parte necesaria del proceso. Al arrepentirnos y confiar en que Cristo pagó por nuestro pecado, Dios lo perdona porque ya canceló el castigo por ese pecado (Col. 2:13; Rom. 4:7-8). Dios también nos trató con bondad y abrió una relación con nosotros para eliminar todo distanciamiento que hubiéramos pasado como pecadores separados de Dios (Ef. 4:32; Col. 1:21-22). Al principio, Dios nos otorga tanto su perdón judicial como el relacional para que podamos ser justos ante Dios. Sin embargo, ¿qué sucede cuando volvemos a pecar después de haber sido perdonados? ¿Puede Dios retirar el perdón que ya nos ha dado? Si no lo retira, entonces ¿qué pasa en realidad cuando Dios nos disciplina por nuestro pecado?

Dios usa el dolor, el sufrimiento y las consecuencias como un "flagelo" para llevarnos a la santidad y capacitarnos en la justicia (Heb. 12:4-13; Sal. 32:3-4; 39:7-11). Puede ser que el proceso no sea agradable, pero nuestra aflicción tiene el diseño de hacernos caminar en un camino recto. ¿Cómo puede Dios usar las consecuencias de nuestro pecado para disciplinarnos si ya ha perdonado y olvidado el pecado y solo nos ve como hijos perfectos limpios con la sangre de Cristo? La única forma para comprender la disciplina de Dios es comprender esta distinción fundamental entre el perdón judicial de Dios y su perdón relacional. Dios nos perdona como un juez, pero nos disciplinará como un padre. El dolor que sentimos en la disciplina es Dios sujetando su perdón relacional hasta que nos volvamos a Él y nos sometamos a Su corrección para nuestra vida. No por el hecho de volvernos cristianos significa que cambia la perspectiva de Dios con respecto al pecado. Dios odia el pecado en los creyentes, tanto como odia el pecado en aquellos que no son creyentes. Dios se enoja con los creyentes que pecan porque Dios, como nuestro Padre, se contrista por ese pecado. El pecado nos forzará a mantener distancia en nuestra relación con Dios hasta que obedezcamos Sus instrucciones sobre cómo abordar ese pecado. Nuestro caminar con Dios se verá afectado por la separación o por la sobrecarga. Llegaremos a sentir el muro que obstruye nuestra relación cercana con Dios y si no fuera así, Dios podría traer una disciplina más severa hasta que lo veamos. Básicamente, su disciplina es sujetar el perdón relacional, incluso cuando ha otorgado su perdón judicial por la eternidad.

EL JARDÍN DE INFANTES DE DIOS

El tabernáculo y los sacrificios que se describen en el Antiguo Testamento son la enseñanza temprana de Dios, es la forma en la que nos muestra en imágenes los principios espirituales de Dios. El pecado del hombre requería el remedio de Dios en ese tiempo, así como ahora. Los sacrificios eran la solución de Dios para el pecado. El Antiguo Testamento explica con claridad que los sacrificios eran efectivos, producían la liberación real del perdón para el pecador. En el Antiguo Testamento existe una expresión que se repite y es que el pecador "recibirá perdón" cuando ofrezca un sacrificio por su arrepentimiento verdadero y su fe auténtica (Lev. 1:4; 4:20, 26, 31, 35; 16:20-22; 17:11).[24] En el Antiguo Testamento, el pecador experimentó el perdón verdadero. Experimentó una liberación auténtica tanto del castigo por el pecado como del distanciamiento de Dios, el perdón judicial y relacional. Es posible que los sacrificios del Antiguo Testamento no fueran totalmente expiatorios (Heb. 10:4) pero sí fueron eficaces (Heb. 9:13). La cruz de Cristo es el único pago objetivo para el pecado en todas las generaciones; por ellos, las cuentas del pasado se pagaron por anticipado con el pago que realizó en la cruz, esto, para que pudieran ser justos con Dios ante la cruz (Rom. 3:25-26).[25]

Existen dos clases de sacrificios en el sistema mosaico. El primero es donde las ofrendas por el pecado y la culpa eran sacrificios obligatorios diseñados para eliminar el castigo del pecado por sustitución (Lev. 4-6). El segundo era el sacrificio consumado donde las ofrendas de granos y paz eran sacrificios voluntarios diseñados para mantener la amistad con Dios (Lev. 1-3). En ambos sacrificios vemos el perdón judicial y el relacional. Los sacrificios lograban la justificación a cambio de un pago completo en la obra de expiación que Cristo hizo en la cruz. Así también, cada vez con más frecuencia, los sacrificios se enfocaban en la santificación. Mantener al creyente en una relación con Dios y mantener una relación abierta entre el creyente y Dios.[26]

Esta es una hermosa imagen del perdón judicial y relacional en el tabernáculo. El altar de bronce en el atrio del tabernáculo era el lugar donde se daba el perdón judicial (Éxodo 27:1-8; 29:10-25). Los sacerdotes debían "hacer la expiación" (participantes activos) para sus propios pecados, así como los pecados de la gente en el altar de bronce. La fuente de bronce estaba entre el altar y la puerta que dirigía al Lugar Santo, que

33

era el lugar donde los sacerdotes servían a Dios. Cuando los sacerdotes se preparaban para su servicio de sacerdocio se lavaban completamente (Éxodo 29:4) y después, solo se lavaban las manos y los pies cada vez que entraban al Lugar Santo para servir al Señor (Éxodo 30:17-21) ¿Por qué? Los creyentes se ensucian en el servicio al Señor. Debe existir una limpieza constante y continua para que el sacerdote impuro del Antiguo Testamento esté apto para servir al Señor en adoración.[27] Este es un perdón relacional que limpia al sacerdote para su servicio. A diferencia del Antiguo Testamento, en la actualidad cada creyente es un sacerdote del Dios Supremo (1 Pedro 2:5, 9). De la misma forma, también debemos limpiarnos continuamente para mantener una relación abierta con Dios.

¿Cómo puede el perdón de Dios ser condicional a nuestro perdón?

Jesús dijo estas convincentes palabras en Mateo 6:14-15: "Porque, si perdonan a otros sus ofensas, también los perdonará a ustedes su Padre celestial. Pero, si no perdonan a otros sus ofensas, tampoco su Padre les perdonará a ustedes las suyas". Jesús enseñaba a sus discípulos cómo orar cuando les dio estas instrucciones. Los discípulos eran creyentes. Estos hombres ya habían sido justificados, es decir, habían sido perdonados. Es cierto que Cristo no había muerto en la cruz, pero eso no cambia la verdad de que el perdón era tan real antes de la cruz, como lo fue después. La salvación antes de la cruz era una tarjeta de crédito de salvación, un crédito que Cristo pagaría más adelante; la salvación después de la cruz era una tarjeta de débito de salvación, aquí, la deuda ya se había pagado. Esto no cambia el hecho fundamental de que la base para la justificación era la misma antes y después de la cruz (Rom. 3:25). Ellos eran hombres perdonados. ¿Cómo puede el perdón de Dios ser condicional a nuestro perdón? La única manera en que podemos comprender esto es viendo los dos rostros del perdón. Dios no revoca nuestro perdón judicial cuando fallamos en perdonar a otros, sino que mantiene su perdón relacional aun cuando fallamos en perdonar. Nuestro perdón con Dios está condicionado al perdón que damos a otros.

¿Cómo es que los creyentes enfermos necesitan el perdón de pecados para su sanidad?

El segundo pasaje esencial está en Santiago 5:15-16. "La oración de fe sanará al enfermo y el Señor lo levantará. Y, si ha pecado, su pecado se le perdonará. Por eso, confiésense unos a otros sus pecados, y oren unos por otros, para que sean sanados. La oración del justo es poderosa y eficaz". El contexto claramente enseña que la persona enferma es un creyente y que ha llamado a los ancianos de la iglesia para que lo unjan y oren por él. Se exhorta a los creyentes a que confiesen sus pecados unos a otros y que oren por su sanidad. Si Dios ya hubiera perdonado nuestros pecados, ¿por qué necesitamos buscar el perdón para ser sanados? La forma más simple de comprender estos dos versículos es viendo los enlaces existentes. La oración del versículo 15 y la oración del versículo 16; la sanidad del versículo 15 y la sanidad del versículo 16; los pecados del versículo 15 y los pecados del versículo 16, todos son conceptos paralelos. Por ello, también el perdón del versículo 15 debe relacionarse con la sanidad del versículo 16 en una forma paralela. El pasaje está hablando de una enfermedad provocada por el pecado personal y conocido, es una disciplina que viene de la mano de Dios sobre el creyente. Dios no ha revocado el perdón judicial que Él mismo otorgó al creyente al momento de su conversión. La persona permanece libre del pecado de la muerte eterna, pero Dios retiene Su perdón relacional para que la persona se arrepienta. Lo que sigue después de un pecador que cree en el arrepentimiento es el perdón, que trae como resultado la sanidad. Si el pecador se rehúsa a arrepentirse y a confesar sus pecados, Dios puede incluso tomar la vida de ese creyente sin arrepentimiento en juicio (1 Juan 5:16). Pablo nos advierte que esta es la razón por la que "por eso hay entre ustedes muchos débiles y enfermos, e incluso varios han muerto" (1 Cor. 11:30).

¿Cómo puede Dios revocar el perdón que ya ha otorgado?

El tercer pasaje esencial está en Mateo 18:21-35. Pedro le preguntó a Jesús: "Señor, ¿cuántas veces tengo que perdonar a mi hermano que peca contra mí? ¿Hasta siete veces?" Estoy seguro de que Pedro pensó que estaba siendo magnánimo en su cálculo, pero Jesús respondió rápidamente con una de las declaraciones clásicas sobre el perdón. "No te digo que, hasta siete veces, sino hasta setenta y siete veces" (setenta por siete). Cualquiera que alguna vez tuvo que perdonar una herida amarga sabe con qué frecuencia el resentimiento aparece en la mente, desencadenado por algún suceso o un recuerdo, incluso años después. Jesús comprendía el corazón humano y nos enseñó que cada vez que la amargura aparece, necesitamos someterla a Dios para liberarla porque la tentación de venganza es un fenómeno recurrente. Después de esto, Jesús contó una parábola donde explicaba su declaración del perdón. En esa parábola, un siervo debe al rey una cantidad que no puede pagar, por lo que el rey da la orden de enviar a la familia a la cárcel hasta que se pague esa deuda. El siervo implora misericordia y el rey anula la deuda y lo deja libre. El siervo sale y se encuentra con otro compañero que le debe una cantidad pequeña. Saca toda su frustración sobre este compañero y le exige que le pague. El compañero también le suplica misericordia y tiempo, pero sus ruegos entran a oídos sordos. El primer siervo hace encarcelar al hombre en la cárcel para los deudores. Los otros siervos van con el rey a contarle lo que estaba pasando. El rey llama nuevamente al siervo al juzgado, pero esta vez lo entrega a los carceleros para que lo aprisionen hasta que pague todo lo que le debe al rey. El rey revoca el perdón original porque el siervo falló en perdonar a otro. Aquí Jesús deja ver su idea central. "Así también mi Padre celestial los tratará a ustedes, a menos que cada uno perdone de corazón a su hermano" (Mt. 18:35).

Tiene una clara aplicación. Dios perdonó nuestros pecados, perdonó todo lo que le debíamos. Es nuestro juez y somos conocidos en su corte celestial. Nuestra deuda se ha pagado y por ello, hemos quedado libres de toda responsabilidad para pagar por nuestros pecados. Nos ha sido perdonada una deuda infinita que va más allá de nuestra capacidad humana de pagar, incluso si nos diera toda la eternidad para pagarla. Aun así, nos negamos a perdonar a nuestro hermano en Cristo y no lo liberamos de aquella deuda cuya proporción es minúscula en comparación con lo que nosotros debíamos. Nuestra mezquindad en negar el perdón a otros hace que Dios revoque su perdón sobre nosotros. ¿Cómo puede Dios revocar el perdón que ya ha otorgado? La respuesta más simple es comprender la diferencia entre el perdón judicial y el perdón relacional. El perdón judicial es permanente. Dios no nos envía al infierno porque fallamos al perdonar a nuestro hermano. El castigo por nuestro pecado ha sido limpiado por el perdón de Dios. Sin embargo, este pasaje se trata del perdón relacional. El perdón relacional puede revocarse. Aquí, Dios actúa como padre, no como juez.[28] En este pasaje nos enfrentamos a Dios en su sala en el cielo, no en la corte celestial. Dios nos disciplina por nuestra falta de perdón, lo hace como un padre que disciplina a sus hijos (Heb. 12:4-13), no lo hace como un juez que condena a un delincuente. La cárcel de los deudores es una forma dramática de hablar acerca del sufrimiento y la aflicción que experimentamos cuando por disciplina se distancia de nosotros hasta que aprendamos la lección del perdón. La liberación de la cárcel de los deudores (perdón relacional) se da cuando "desembolsamos" lo que Dios demanda: perdonar a otros. Nuestra relación con Dios se daña cuando fallamos en perdonar a otros como Dios nos ha perdonado; sin embargo, nuestro destino eterno nunca cambia. Jurídicamente, somos perdonados para siempre.

Si Dios nos comisiona para disciplinar al pecador que no se arrepiente (Mateo 18:15-20),
> *si dicha disciplina no significa que los perdonemos (Juan 20:23),*
>> *entonces, ¿cómo podemos experimentar el perdón de Dios (Mt. 6:14-15)?*

El cuarto pasaje que mejor se entiende cuando vemos la diferencia entre perdón judicial y perdón relacional es Juan 20:23. Jesús les dijo a sus discípulos: "A quienes perdonéis los pecados, estos le son perdonados; a quienes retengáis los pecados, estos le son retenidos". Creo que la mejor manera de comprender este pasaje es relacionarlo directamente con las similares palabras que Jesús dijo en sus enseñanzas sobre la disciplina de la iglesia.[29] Tomó prestado el lenguaje que se usaba para los procedimientos rabínicos para la disciplina en la sinagoga cuando dijo a la iglesia: "En verdad os digo: todo lo que atéis en la tierra, será atado en el cielo; y todo lo que desatéis en la tierra, será desatado en el cielo" (Mt. 18:18). Jesús hace esta declaración inmediatamente después de decirle a la iglesia que "aparten" al pecador que no se arrepiente de la fraternidad en la asamblea. Dios reviste a la iglesia con poder para tomar tales decisiones y respalda esa decisión con la autoridad celestial. Si Dios nos comisiona para disciplinar a los pecadores que no se han arrepentido (Mt. 18:15-20) y dicha disciplina no significa que los perdonemos (Juan 20:23), entonces, ¿cómo podemos experimentar el perdón de Dios (Mt. 6:14-15)? La respuesta a este dilema es mantener una diferencia entre el perdón relacional y el perdón judicial. Claro está que Dios no nos da derecho de enviar a otros al infierno por la eternidad, sino que Dios usa la disciplina de la iglesia como un medio para retener el perdón relacional a un pecador no arrepentido, alguien a quien Dios está castigando como un padre castiga a su hijo. No perdemos el perdón de Dios como una infracción al principio de Mt. 6:14-15 cuando retenemos el perdón en un proceso de disciplina de la iglesia, pues el perdón judicial y el relacional trabajan en conjunto, uno con el otro. Podemos perdonar judicialmente de manera que nuestra relación con Dios sea saludable mientras retenemos el perdón relacional que busca que el pecador que no se ha arrepentido tenga una relación correcta con Dios nuevamente. Dios usa el proceso de retener el perdón relacional entre los creyentes para cumplir con su gran meta de establecer el perdón relacional con el hermano descarriado y Dios mismo.

DE NUEVO LA HISTORIA DE LUIS Y JUAN

Regresemos a la historia de Juan y Luis, pues la vida se vuelve más complicada y empezamos a ver que el perdón no es tan simple como se ve. Luis negocia una segunda hipoteca para pagar la educación de su hija y luego, pierde su trabajo como ingeniero. La esposa de Luis debe salir a trabajar para mantener a la familia mientras Luis busca un nuevo trabajo. Están en serio peligro de perder su casa por la segunda hipoteca y porque ha perdido su trabajo. A este tiempo, el restaurante de Juan está cerca de la quiebra y está desesperado buscando ayuda. Acude a un amigo de Luis que va a la iglesia y le pide que le preste $15,000. Este amigo le cuenta a Luis una mañana mientras toman un café, sin tener noción alguna de la deuda que Juan tenía con Luis y el precio que Luis está pagando ahora por su perdón. Luis le cuenta a su amigo del fracaso pasado de Juan. Luis no quiere que su amigo también salga lastimado; además siente que Juan no es de confianza. El amigo de Luis rehúsa prestarle a Juan el dinero y le explica la razón. Juan está furioso con Luis y lo llama para acusarlo de tener un espíritu no perdonador. Le habla con palabras duras y amargas. Luis se sorprende de la amargura sobre la deuda que pensó que ya estaba perdonada y se molesta por las acusaciones que Juan le hace, pero no dice nada. Juan da un paso más allá. Empieza a hablar mal de Luis entre su círculo de amigos en la iglesia. Da a entender que Luis no es confiable y que tiene un espíritu de amargura y que no debería estar en el liderazgo en la iglesia. Toma algunas de las palabras que Luis le dijo al calor del debate, pero las toma fuera de contexto, y cree que Luis y su esposa tiene problemas matrimoniales como resultado de la tensión. Insinúa falsamente que Luis administró mal algunos fondos de la empresa y que por esa razón fue que lo despidieron del trabajo. Juan logra conseguir que algunas personas lo apoyen y finalmente, este grupo de personas se asegura de que Luis no sea elegido como diácono en la próxima asamblea anual. Luis se siente amargado y enojado por las acusaciones falsas y se siente impotente ante esta situación. Finalmente, Luis consigue un trabajo en otra ciudad y se muda con su familia a otra iglesia, pero sigue amargado por cómo se dieron las cosas y lucha con el tema del perdón. No está dispuesto a involucrarse en ninguna función de liderazgo en su nueva iglesia, sino prefiere ser un cristiano espectador para evitar toda responsabilidad ministerial. Se siente lejos de Dios y muerto espiritualmente. Va a la iglesia solo por cumplir, pero no siente un solo momento de frescura en su alma. Ahora puede pagar un abogado y piensa seriamente en llevar a Juan al juzgado por la deuda original de $20,000.

La situación de Luis no se da fácilmente entre cristianos, aunque las circunstancias y causas pueden variar de persona a persona. Como pastor, con frecuencia hablo con personas que están luchando por el dolor que queda después de un divorcio, de una relación fallida, de injusticias o decisiones pecaminosas, y por ello se sienten profundamente heridos por otros y alejados de Dios. Sally debe lidiar con un exesposo cuyas decisiones siguen afectando a los niños para bien o para mal y lucha con sus sentimientos de falta de poder. Rick fue despedido de su trabajo porque en parte, se levantaron acusaciones falsas que lo convirtieron en el chivo expiatorio para la pérdida financiera de la empresa. Ahora no solo lucha con la pérdida de su ingreso, sino también por la vergonzosa culpa injusta y no tiene a dónde ir con sus sentimientos. Ninguno de los dos puede "hacer" nada por los males cuyos aguijones sienten tan profundamente. Se ven bien en la iglesia y, es más, otros cristianos no conocen su dolor interno; sin embargo, cuando están solos exponen lentamente la herida que permanece enterrada en sus almas. ¿Cómo podemos ayudarlos? ¿Cómo Luis podrá encontrar liberación y sentir una renovación en su vida? Para ayudar a Luis, debemos explorar las piezas del perdón, desde una forma más completa.

3

LAS CUATRO PARADOJAS

El camino de la sanidad debe pasar por el desierto o de lo contrario, nuestra sanidad será el producto de nuestra propia voluntad o sabiduría.[30] (Dan Allender)

Una paradoja es una contradicción aparente entre dos verdades que buscan ser la verdad real. La Biblia contiene una gran cantidad de paradojas. Estos son principios que parecieran estar en contra uno con el otro, pero en realidad, todas son verdaderas, incluso cuando no siempre podamos resolver las diferencias total y racionalmente. ¡Dios es un ser trino en una sola esencia! Jesucristo es Dios en su totalidad y a la vez, es un hombre también "que están unidos inseparablemente en una persona".[31] Dios es absolutamente soberano en toda la creación; sin embargo, el hombre es responsable de las decisiones que toma. La fe por sí misma salva y no necesita obras, por ello, la fe salvadora es una fe que funciona. Estos son solo unos ejemplos que tenemos en la teología de las verdades que parecen contradecirse entre sí, pero que deben ser reconciliadas en última instancia en la mente de Dios.

Al menos existen cuatro principios paradójicos relacionados con el perdón en las Escrituras. Podemos resolver estas aparentes contradicciones parcialmente, pero a menudo vivimos con ellas con cierta tensión. Es importante comprender las paradojas si queremos encontrar la sanidad de nuestras almas para ofrecer esa sanidad a los demás.

DOBLE VÍA

Debemos tratar con el perdón en dos direcciones de manera simultánea. Buscamos la liberación de parte de Dios y otorgamos liberación a otros. El perdón va en doble vía: vertical y horizontal. Dios perdona nuestros pecados (Col. 3:13; Mr. 2:5; Mt. 9:2; Rom. 4:7) a la cuenta a nombre de Cristo (1 Jn. 2:12). Perdonamos a otros como Él nos ha perdonado a nosotros (Ef. 4:32; Col. 3:13). Dios perdona los males que le hemos hecho. Nosotros perdonamos los males que otros nos han hecho. Además, el perdón vertical que viene de Dios y el perdón horizontal de los demás, están conectados inseparablemente. Jesús enseñó a sus discípulos, que ya eran perdonados, a que oraran diciendo "perdona nuestras deudas como nosotros perdonamos a nuestros deudores" (Mt. 6:12; Lc. 11:4). La pequeña palabra "como" es una de las palabras más temidas en la Biblia porque el perdón de Dios hacia nosotros está ligado directamente con el perdón que otorguemos a otros. Jesús siguió con esta conexión de manera explícita (Mt. 6:14-15). No podemos esperar que Dios nos perdone si no perdonamos a los demás. "Yo nunca perdono" dijo James Oglethorpe, gobernador de Georgia, a John Wesley. A lo que Wesley respondió "Si es así, ¡espero que nunca peque!"[32]

Nunca podré perdonar un pecado que hagan en contra de mí, a menos que recuerde que Dios perdonó mis pecados primero. Nunca podré perdonar con amor a otro, sino hasta que me sienta seguro en el perdón amoroso de mi Padre Celestial. Henri Nouwen llamó a este proceso "trepar" el muro que rodea las áreas heridas de mi vida para darle cabida a otra en amor perdonador. No puedo trepar el muro si trato de estar en control de mi alma en mi propia justicia. Puedo trepar ese muro para recibir a otros pecadores, solo cuando reconozco que el Padre me ha recibido en la misma manera como un pecador.

> Este proceso de "trepar" es la disciplina genuina del perdón. Tal vez sea más "escalar" que "trepar". Con frecuencia tengo que escalar el muro de argumentos y sentimientos de ira que yo mismo levanté para apartarme de aquellos a quienes amo, pero que a menudo no me aman en retribución. Es un muro de temor de volver a ser usado o herido. Es un muro de orgullo y el deseo de estar en control. Pero cada vez que subo o escalo ese muro entro a la casa donde habita el Padre y ahí, puedo estar en comunión con mi prójimo con un auténtico amor compasivo… El perdón es la forma en la que trepo el muro y recibo a otros en mi corazón sin esperar nada a cambio. Solo cuando recuerdo que soy un Hijo Amado

puedo recibir a quienes desean volver, y lo hago con la misma compasión con la que el Padre me recibió a mí.[33]

El río del perdón fluye solo en una dirección, nace en Dios, llega a nosotros y se dirige a los demás. Podemos perdonar a otros únicamente cuando nos hayamos perdonado a nosotros mismos. Nuestro perdón hacia los demás es un reflejo del perdón de Dios a nosotros. Nuestro modelo a seguir es Cristo, perdonamos de la forma en la que Él perdonó. Pablo nos exhorta a "perdonarnos si alguno tiene queja contra otro. Así como el Señor los perdonó, perdonen también ustedes" (Col. 3:13). El perdón es el bisturí que elimina el cáncer del alma. Dios perdona el pecado que carcome nuestras almas para que podamos perdonar los rencores que albergamos contra otros, el cual nos consume. En realidad, nunca podríamos perdonar a otros si nunca hubiéramos experimentado el perdón de Dios en nuestras vidas. David Augsburger escribe: "Solo cuando has experimentado el perdón es cuando puedes expresar la dádiva verdadera del perdón".[34] Vemos la aplicación en la historia de la mujer pecadora que ungió los pies de Jesús en la casa de Simón, el fariseo. La mujer empapaba los pies de Jesús con su llanto mientras él estaba a la mesa. Los limpió con su cabello, los besó y los ungió con aceite. Simón, un religioso de la ley, estuvo en desacuerdo con las acciones de la mujer y con ella mismas; sin embargo, Jesús lo corrigió haciendo notar que "sus muchos pecados le han sido perdonados, porque amó mucho; mas aquel a quien se le perdona poco, poco ama" (Lucas 7:47). Simón, quien nunca había experimentado el gran perdón y quien probablemente creía que no tenía necesidad de recibir un gran perdón, poco perdón tenía para la mujer pecadora que lo avergonzaba en su propia casa. No podía perdonar porque él no había sido perdonado.

Los sacrificios del Antiguo Testamento no solo ilustraban los rostros judiciales y relacionales del perdón, sino también las vías verticales y horizontales del perdón. Por ejemplo, el Día de la Expiación limpiaba los pecados de la nación manteniendo al pueblo en una relación recta con Dios (Éxodo 30:10) pero si el pueblo no obedecía las instrucciones precisas de Dios para la expiación, era cortado de entre el pueblo (Éxodo 30:33, 38). El perdón de Dios en la expiación restauraba al pecador para que tuviera una relación recta con Dios (vertical) y una relación recta con los demás (horizontal). Incumplir con las instrucciones de Dios en una dirección afectaba el perdón en la otra dirección.

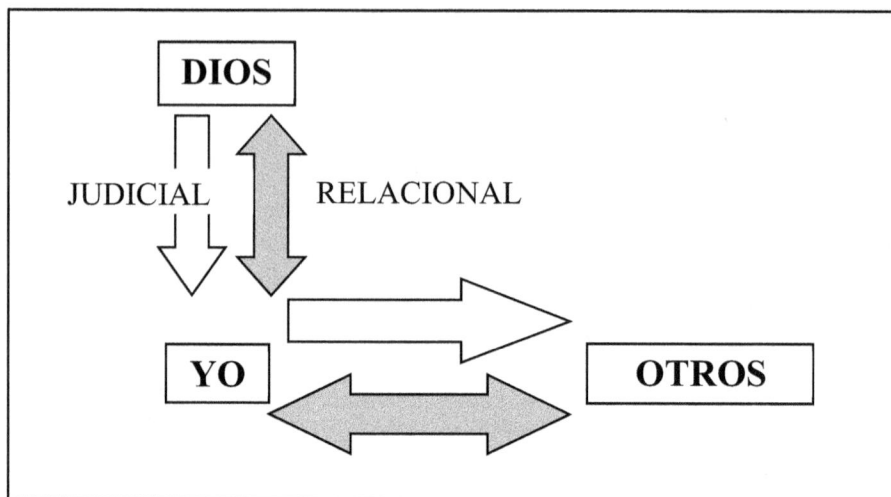

El perdón judicial y el perdón relacional están presentes en las dos direcciones. Dios nos perdona de forma judicial (1 Jn. 2:12). Juan había escrito a un grupo de personas que ya habían sido perdonadas de sus pecados. Este es el perdón judicial; es la cancelación de la deuda que existía en nuestra contra (Col. 2:13) y que sucede cuando colocamos nuestra fe en Cristo Jesús para salvación. Ya Juan nos había enseñado que los creyentes debían ser personas que confesaran constantemente sus pecados para disfrutar del perdón de Dios sobre los pecados (1 Jn. 1:9). Aquí vemos que enseñaba el perdón relacional. Por ello, Dios nos perdona judicialmente al liberarnos de la deuda que le debemos por nuestros pecados y también nos perdona de forma relacional al eliminar la distancia que se desarrolla en una relación que domina el pecado no confesado. Aquí están presentes el perdón vertical judicial y el vertical relacional.

Perdonamos a los demás con el perdón judicial para liberarnos (Col. 3:13) de los agravios que retenemos en nuestros corazones contra esas personas. El perdón judicial horizontal es para nuestro beneficio, no para beneficio del perdonado. Ponemos delante de Dios nuestro derecho a vengarnos y este acto nos libera para ser justificados ante Dios (Mt. 6:14-15). Para ser más precisos, el perdón relacional vertical que viene de Dios está conectado con el perdón judicial horizontal que damos a los demás. No podemos ser justos con Dios de forma relacional si nos negamos a perdonar a otros, al menos, de forma judicial. Debemos liberar a otros del castigo de su pegado contra nosotros y nuestro derecho de vengarnos si queremos experimentar una relación abierta e íntima con Dios. Perdonamos a otros para liberarnos a nosotros mismos de la disciplina de Dios. El perdón judicial de otros nos libera para ser justificados ante Dios. No tenemos que esperar a que la otra persona se arrepienta o nos pida perdón. Podemos perdonar de manera judicial sin condiciones, a medida que ponemos ante Dios los males que nos han hecho. Entregamos nuestro derecho a vengarnos y dejamos que Dios resuelva los problemas.

Así como albergamos el deseo de venganza, así nos controla el mal que nos hicieron en el paso y la persona que lo cometió. Lewis Smedes escribió en la introducción de su excelente manual práctico acerca del arte de perdonar a otros: "¿Por qué la gente rinde su futuro al dolor injusto de su pasado?" Sugiere que encontramos la respuesta a su pregunta en la mezcla de nuestros sentimientos de orgullo, justicia y pasión que nos conducen a herir a quienes nos han lastimado.[35] Nos esclavizamos por los rencores que retenemos. Necesitamos entregar esos rencores a Dios y dejar que él se encargue de los castigos en Su perfecta voluntad. Perdonamos a otros para nuestro beneficio cuando entregamos el derecho de vengarnos, de hacer que ellos paguen por lo que nos hicieron. El perdón judicial horizontal libera al perdonador.

Por otro lado, el perdón relacional horizontal libera al perdonado, no al perdonador. Liberamos a otros del distanciamiento y la lejanía que experimentan en su relación con nosotros. Los libera para estar bien con nosotros y nosotros con ellos. Abrimos la puerta a una relación renovada. Pablo exhortaba a los creyentes en Corinto a perdonar y consolar a los hombres que habían sido disciplinados y que habían pasado por el arrepentimiento. Pablo no quería que esta persona fuera "consumida de demasiada tristeza" (2 Cor. 2:7). El perdón relacional horizontal solo sucede cuando la persona perdonada ha tomado los pasos necesarios para corregir los males que le han hecho porque dicho perdón siempre es condicional. Dado que la liberación de la separación es en beneficio de quien cometió el mal, está condicionado a que esa persona haga lo que pueda para corregirlo. El perdón judicial horizontal puede ser unilateral. Se lo entregamos a Dios. Sin embargo, el perdón relacional horizontal siempre es condicional, lo que nos lleva a la siguiente paradoja que debemos comprender acerca del perdón.

DOS ASPECTOS

En ocasiones el perdón es unilateral y en otras es condicional.

¿Se niega Dios a perdonar? ¡Sí! Jesús enseñó que "todos los pecados serán perdonados a los hijos de los hombres, y las blasfemias cualesquiera que sean; pero cualquiera que blasfeme contra el Espíritu Santo, no tiene jamás perdón, sino que es culpable de pecado eterno" (Mr. 3:28-29; Mt. 12:31; Lc. 12:10). Jesús hizo esta declaración porque los líderes religiosos atribuían las obras que hacía al poder del diablo en lugar de atribuirlas al Espíritu de Dios (Mr. 3:22, 30). ¡Ese es un pecado imperdonable! El trabajo del Espíritu Santo es convencer al mundo de pecado (Jn. 16:7-11) y llevar a la gente a la verdad de Jesucristo (Jn. 14:17, 26; 15:26). Si la gente, con pleno conocimiento y voluntad, rechaza el testimonio del Espíritu de Dios acerca de Jesucristo y rechaza la evidencia del Espíritu de Dios de que Él es el único medio de salvación, entonces no podrán recibir el perdón de sus pecados. El pecado imperdonable en cualquier generación es el rechazo deliberado del testimonio del Espíritu con relación a Jesucristo.[36] Es la conciencia y la decisión propia de un humano negar el mensaje de salvación de Dios que ha traído su Espíritu, también es esa conciencia la que desconecta el alma de recibir toda esperanza de la gracia de Dios.[37] El perdón de Dios está condicionado a recibir la respuesta correcta al testimonio del Espíritu acerca de Jesucristo. Dios no es Santa Claus en el cielo perdonando a los malos y recompensando a los buenos con el regalo del perdón como si fuera algo que se reparte sin importar la justicia o la verdad. De hecho, en el Nuevo Testamento se identifica una cantidad de condiciones que son fundamentales para el perdón, contrario a la enseñanza moderna y popular de este tema.

- El perdón se otorga con la condición de que el sacrificio de sangre pague el precio del pecado para que Dios sea el justo y el justificador del pecador (Heb. 9:22; Rom. 3:26). Jesucristo es el máximo sacrificio de sangre que paga el perdón de Dios a los pecados del hombre (Mt. 26:28).

- El perdón se otorga con la condición de la fe (Mr. 2:5; Hch. 10:43). No puede encontrarse el perdón de Dios para quienes niegan creer en Su provisión para el pecado. Para poder disfrutar del regalo, primero debe aceptarlo.

- El perdón se otorga con la condición del arrepentimiento (Mr. 1:4; 4:12; Lc. 24:47; Hch. 2:28; 8:22). Debe existir un punto de retorno desde el pecado hacia Dios antes de que Dios otorgue el perdón de los pecados (1 Tes. 1:9). No perdona solo porque lo exijamos.

- El perdón se otorga con la condición de que perdonamos a otros (Mt. 6:14-15). Aquellos que no perdonan a otros, también dejan de disfrutar el beneficio del perdón relacional de Dios.

- El perdón se otorga con la condición de la confesión (Stg. 5:15-16; 1 Jn. 1:9). El perdón tiene un precio alto, no es algo que solo se encuentre, algo serio ni algo frívolo. El perdón no solo "sucede". Tiene una función dentro del diseño y el carácter de un Dios Santo.

En ocasiones, Dios perdona de forma unilateral. ¡Simplemente perdona! El perdón no se otorga incondicionalmente en ese caso y como ya lo veremos, siempre habrá un pago que cubra el costo del pecado que haya dado el perdonador. Sin embargo, en ocasiones Dios perdona de forma unilateral cuando Él mismo cumple las condiciones. Cristo murió para pagar el precio por los pecados del mundo entero (Jn. 1:29; 1 Tim. 2:3-6; 1 Jn. 2:2) aun cuando no todo el mundo entero será salvo. Dios tiene la autoridad para validar el pago de la sangre a pecados específicos según su perfecta voluntad e incluso cuando no hay un cumplimiento demostrado en los humanos para las condiciones del perdón. Puede que no haya arrepentimiento ni confesión, o que la fe sea limitada, pero Dios, sigue perdonando.

LAS CARAS DEL PERDÓN

Un hombre paralítico tenía cuatro amigos que lo llevaron ante Jesús y la sorpresa fue encontrar una gran multitud alrededor de la casa que les impedía, incluso, acercarse al sanador. Entonces, lo subieron cargado al techo de adobe e hicieron un agujero en el techo (¡seguro que al dueño de la casa no le hizo ninguna gracia!). Bajaron al hombre y quedó frente a Jesús. Cuando Jesús vio "su fe" (fe en la capacidad de Jesús de sanar, no de perdonar pecados) le dijo al hombre paralítico: "Hijo, tus pecados quedan perdonados" (Mr. 2:5). Ese perdón dejó a todos con la boca abierta, incluso al hombre que venía por sanidad, no digamos a los cuatro amigos que aparentemente no fueron incluidos en el perdón a pesar de "su" fe. Jesús usó ese momento para enseñar una lección. Buscaba que comprendieran que tenía la autoridad para perdonar los pecados. ¡Era su derecho! Por ello, sanó al hombre para probarle a la multitud que Él podía perdonar los pecados del hombre, así como lo había dicho (v. 10). Si Jesús podía sanar a quien Él quisiera sanar, entonces también podía perdonar a quien Él quisiera perdonar sin ningún arrepentimiento.

Jesús estaba en una cena con un hombre respetable del "club de la justicia" (los fariseos) y en ese momento, una mujer entró al lugar. Empezó a llorar y con sus lágrimas enjuagaba los pies de Jesús. Empapó lo pies de Jesús con perfume y los besó. El fariseo conocía a esta mujer. Se trataba de una mujer con antecedentes de pecado y por ello, se sintió ofendido al ver que Jesús aceptaba que ella lo abrazara tan fácilmente. Jesús volvió a aprovechar el momento para enseñar y decir: "Sus muchos pecados le son perdonados, porque amó mucho". Después volteó a ver a la mujer y le dijo: "Tus pecados te son perdonados" (Lc. 7:47-48). Los que observaban se sentían ofendidos por el atrevimiento de Jesús de perdonar los pecados en una forma tan unilateral. "¿Quién es este, que también perdona pecados?" Pero Jesús los ignoró al ver en esta mujer el nacimiento de su fe, al menos como un embrión (v. 50). Dios ve lo que no podemos ver y tiene la autoridad para validar su sangre como pago por los pecados de la mujer, solo con una pequeña evidencia de arrepentimiento.

¿Quién mató a Jesús? La pregunta tiene relevancia porque la respuesta implica que esos hombres recibieron perdón por su muerte (Lc. 23:34). Cuando Jesús fue crucificado, Él hizo una petición sorprendente al Padre. Dijo: "Padre, perdónalos porque no saben lo que hacen" Estos eran hombres que no tenían fe en Cristo ni se arrepentían en sus corazones. ¿Cómo era posible que Jesús hiciera el llamado a su Padre Celestial para que perdonara estos actos salvajes que hacían ante sus ojos? Eso sí, por ningún momento creo que estos hombres fueran salvos por esa oración. No creo que hayan disfrutado de la vida eterna con Cristo porque Él los haya perdonado por matarlo. Salvación y perdón no son sinónimos. Creo que Jesús perdona al pecador por lo que hace. El perdón es como un bisturí que se usa para realizar una cirugía por un caso específico de cáncer. Jesús murió para pagar el precio del pecado de la humanidad. Estas personas que lo crucificaron apenas podían entender por qué se sacrificaba a sí mismo. No podían darse cuenta de que eran instrumentos en el juego cósmico de vida y muerte para todo el universo. Por ello, Jesús le pide al Padre que perdone este acto de manera unilateral. Dios no se pondría en contra del saldado por haber clavado las manos de su Hijo. Dios podría liberar al sacerdote de la culpa de su voto, pero no lo liberará de una vida con pecado. El perdón es específico y en ocasiones, es unilateral, incluso para Dios.

Somos llamados a perdonar a otros de la forma en la que el Señor nos ha perdonado (Col. 3:13), por lo que, en ocasiones, nuestro perdón a los demás será unilateral y en ocasiones, es condicional. La condición principal para el perdón relacional horizontal es el arrepentimiento de parte de la persona que ha cometido un agravio en contra de nosotros. La enseñanza de Jesús es: "Si tu hermano pecare contra ti, repréndele; y si se arrepiente, perdónale. Y si siete veces al día pecare contra ti, y siete veces al día volviere a ti, diciendo: Me arrepiento; perdónale" (Lc. 17:3-4). Lo primero que noto es que el perdón es para el pecado específico. El perdón no es genérico. Cada vez que perdono, lo hago por un agravio específico que alguien hizo en contra de mí, entonces, cada agravio debe ir con su respectivo perdón. Segundo, me doy cuenta de que esta llamada de atención es para que perdone en forma continua a aquella persona que siente arrepentimiento. Perdono cada vez que esta persona se arrepiente, no solo la primera vez. No debería molestarme ni siquiera en contar porque debo estar listo para perdonar setenta veces siete (Mt. 18:21-22). Es un número que no debe tomarse literal, como si el resultado fuera 490. Esta es la manera en que Jesús me enseñó a ser constante en perdonar a quienes se arrepienten.

¿Qué pasa con el esposo que golpea a su esposa y después le dice que lo perdone? ¿También a ella le enseña Jesús a perdonar siempre y restaurar la relación sobre el fundamento del "arrepentimiento" de su cónyuge? ¡No, de ninguna manera! Este principio no debe tomarse como una autorización para el maltrato. ¡Cuando perdonamos no estamos invitando a la otra persona a que nos vuelva a dar un golpe en el rostro! El que perdona no tiene que rendir su salud futura a los caprichos del perdonado. Jesús no nos enseña a convertirnos en una alfombra usada para las personas ni a ser desechados por los demás bajo la bandera del perdón. El pecado no puede ser el mismo pecado, de lo contrario, el arrepentimiento no sería auténtico. El arrepentimiento verdadero elimina los actos habituales del pecado como lo hace una cirugía. El arrepentimiento es un cambio de dirección y aunque en ocasiones pueda darse una recaída en el mismo pecado, Jesús no está enseñando a que perdonemos repetidamente al pecador en serie por el mismo pecado. Jesús nos enseña que todos somos pecadores y que pecaremos contra otros en algún momento, y lo podríamos hacer de nuevo en muchas formas diferentes. Cada vez que alguien peca en contra de nosotros, esa persona debe arrepentirse del pecado y nosotros debemos liberar la culpa y restaurar la relación con base en el arrepentimiento.

¿Qué sucede si la persona nunca se arrepiente? ¿Qué pasa si la persona dice las palabras correctas del arrepentimiento, pero no vemos frutos de tal arrepentimiento en sus acciones? Debemos perdonar (Mt. 6:14-15), pero el perdón será judicial, no relacional. Liberamos el agravio a Dios y dejamos que sea Él quien trate con las consecuencias. Decidimos no apropiarnos del rencor. Nos deshacemos de nuestro derecho a desquitarnos, a exigir venganza. No significa que restauremos la relación; sin embargo, tampoco significa que la persona no tendrá que enfrentar las consecuencias legales o disciplinarias para este pecado. Es posible que los líderes de la iglesia tengan que pasar en algunos casos por la disciplina de la iglesia, y que incluso su jurisdicción presente cargos legales contra la persona. El perdón judicial simplemente nos libera de una búsqueda amarga de venganza por el agravio que nos han hecho. El perdón judicial deja el asunto ante Dios y a las estructuras de autoridad que Él ha puesto para que sean estas las que manejen los asuntos de justicia. El perdón relacional tiene condiciones. El perdón judicial es unilateral. Simplemente lo hacemos. Perdonamos de manera judicial para beneficio propio. Nos salvamos de la prisión de la amargura cuando perdonamos de manera judicial a nuestro hermano.

Existen muchos pecados que deberían perdonarse de manera unilateral. No necesitamos hacer un "gran escándalo" por los muchos agravios. Simplemente los dejamos ir y los sometemos a Dios. Los matrimonios necesitan desesperadamente aprender la lección del perdón unilateral. Con mucha más frecuencia deberemos perdonar de manera unilateral, incluso sin que pidamos una disculpa. Un matrimonio saludable se basa en el perdón como un subproducto del amor verdadero. Perdonar a otros de manera constante nos permite vivir en paz. Nos deja vivir sin amargura, "sean amables unos con otros y sean de buen corazón, y perdónense unos a otros" (Ef. 4:32). Otorgue a los demás un espacio en la "habitación de reposo" del perdón en cada asunto de su vida diaria. Cuando los problemas se vuelven muy pesados para perdonarlos de manera unilateral, entonces ahí debemos confrontar en amor y buscar el arrepentimiento de esta persona que ha pecado. Si se arrepiente, entonces perdone de manera relacional y actúe con bondad hacia esa persona. Si no se arrepiente, entonces perdónelo de manera judicial y deje el asunto en manos de Dios. En ocasiones, el perdón tiene condiciones y en otras, el perdón es unilateral.

LAS DOS SECUENCIAS

El perdón es tanto un suceso como un proceso. El perdón judicial es algo que sucede. Cuando estoy frente a un tribunal y el juez leer el veredicto, se reconoce mi culpabilidad. Cuando he recibido el perdón por esa culpa, el perdón se convierte en algo que sucede. El perdón pericial cancela la deuda que se tenía. El perdón legal perdona al pecador en un punto del tiempo. El suceso se dio y podemos hablar de ello en tiempo pasado. Pablo escribe: "Él (Dios) habiéndonos perdonado todos los delitos, habiendo cancelado el documento de deuda que consistía en decretos contra nosotros y que nos era adverso, y lo ha quitado de en medio, clavándolo en la cruz" (Col. 2:13-14) Respecto a la mujer que lavaba los pies de Jesús en casa de Simón, él dijo: "te digo que sus pecados, que son muchos, han sido perdonados" (Lucas 7:47). El perdón que absuelve la condena que se ha decretado en nuestra contra es un suceso, es la misma que nos libera del castigo por nuestro pecado. Con frecuencia, cuando perdonamos a otros de manera judicial, o cuando otros nos perdonan, podemos verlo como un suceso. Podemos ver hacia un punto específico en el pasado y recordamos lo que sentimos cuando recibimos el perdón. En ocasiones escucho a las personas que dicen algo como: "Durante años luché para perdonar a mi padre alcohólico por lo que me

51

hizo. Me avergonzó muchas veces con su conducta y robó la seguridad de nuestra familia. Cuando podía, lo hacía pagar por lo que hizo, le hablaba con enojo y sarcasmo siempre que intentaba acercarse. Luego un día, simplemente sabía que tenía que perdonar. Por la gracia de Dios, perdoné a mi padre. Decidí que no podía seguir reteniendo ese perdón. No podía hacerlo pagar por lo que había hecho. En ese momento, sentí como que me hubieran sacado de mi celda. Me sentí libre". Este es el perdón judicial y libera el alma de quien perdona. Solo nos toma un minuto dejar libre nuestro derecho de vengarnos y dejar salir todo lo malo que se ha hecho en nuestra contra.

Sin embargo, el perdón relacional es un proceso. Si usted me da un préstamo de $500 y me perdona la deuda, dejo de deberle $500, pero eso no lo obliga a darme otro préstamo de $500 mañana. La deuda pudo cancelarse en un momento, pero la confianza se restaurará únicamente después de que haya pasado cierto tiempo. Lo mismo pasa con la amargura. Podría pensar que lo he perdonado, pero de vez en cuando, siento ese sabor amargo en la boca. Lo veo y siento la aspereza y la amargura que pensé que ya había olvidado. Un recuerdo resurge en mi memoria y por un momento, el rencor me consume de nuevo. El veneno que una vez pensé se había agotado, regresa para succionar dentro de mi alma otra vez. ¿Qué puedo hacer? Debo olvidar otra vez y otra vez.... ¡y otra vez! Creo que todo esto es algo de lo que Jesús le enseñaba a Pedro en Mateo 18. "Pedro le preguntó a Jesús: 'Señor, ¿cuántas veces tengo que perdonar a mi hermano que peca contra mí? ¿Hasta siete veces?' Jesús le dijo: 'No te digo hasta siete veces, sino hasta setenta veces siete'". (Mt. 18:21-22) No solo se trata de que otros pecan en contra nuestra varias veces, sino de que sentimos el aguijón de un solo pecado una y otra vez. La bilis de nuestras almas sube hasta nuestra boca, hasta se parece a un reflujo espiritual. Debemos perdonar todo nuevamente. El perdón libera las toxinas que contaminan nuestra alma. Debemos perdonar cuantas veces sea necesario para llegar a liberar el veneno de nuestras almas. El proceso es prolongado y en ocasiones, es doloroso. Así lo escribió David Augsburger: "Perdonar no es una solución inmediata, un cambio de actitud de liberación instantánea, o una reparación rápida. En cambio, es un camino doloroso, es una lucha prolongada con la herida. Se trata de un proceso breve y profundo o uno extenso y difícil que tiene sus propias estaciones (como el camino a la cruz) hacia el Getsemaní: juicio, sufrimientos y a veces, un poco de la cruz".[38] El perdón no es un suceso que simplemente ponemos detrás de nosotros y con eso terminamos. El perdón es un proceso diario que practicamos a medida que vivimos.

LAS DOS ACTITUDES

El perdón es una liberación que conduce al perdonador a un descanso interno, así como a tomar la decisión de tratar con bondad al perdonado. Dios perdona el castigo en el tribunal, pero el mismo Dios nos trata con enorme favor en su sala de estar. El perdón da fin al castigo para el pecador y es un puente sobre el cual se conduce la bondad que va al perdonado. En el perdón participan dos actitudes. Debemos liberar el castigo y debemos tratar a la persona con perdón. Damos liberación a los pecados que otros nos han hecho para beneficio nuestro y, por ende, tratamos con gracia al perdonado para el beneficio que ellos reciben. Como Cristo nos perdonó, así también perdonamos las ofensas que otros nos han hecho (Col. 3:13), pero debemos continuar desde este punto. Estamos para "ser benignos unos con otros, misericordiosos, perdonándoos unos a otros, como Dios también os perdonó a vosotros" (Ef. 4:32). No es suficiente con detener el castigo, debemos hacer como Dios, darle alivio al perdonado. Pablo exhorta a los creyentes de Corinto, diciendo que habían castigado lo suficiente a los pecadores. Cuando el pecador se arrepiente del pecado, los creyentes debían buscar medios para que este pecador restaurara la hermandad. "Es suficiente para tal persona este castigo que le fue impuesto por la mayoría; Así que, por el contrario, vosotros más bien deberíais perdonarlo y consolarlo, no sea que en alguna manera este sea abrumado por tanta tristeza. Por lo cual os ruego que reafirméis vuestro amor hacia él" (2 Cor. 2:6-8).

Dios es nuestro ejemplo más grande. Deberíamos perdonar a otros como Dios nos perdonó. El Salmo 103 es uno de los pasajes más maravillosos que habla del perdón en la Biblia.

Dios aligera nuestro castigo.

Misericordioso y clemente es Jehová; lento para la ira y grande en misericordia. No contenderá para siempre, ni para siempre guardará el enojo. No ha hecho con nosotros conforme a nuestras iniquidades, ni nos ha pagado conforme a nuestros pecados. (Sal. 103:8-10).

LAS CARAS DEL PERDÓN

La ira tiene efecto en nosotros, pero no lo tiene en Dios. Creemos que ya la manejamos, pero de repente, algo o alguien detona esa ira y todo empieza de nuevo. De nuestras mentes surgen las acusaciones, las críticas y las cargas. La contienda suele empezar donde la dejamos, a veces, a pesar de los años. ¿Por qué? Porque damos lugar a los rencores. A menudo están sumergidos en lo profundo de nuestras almas, pero lentamente obran para mal en nuestro interior hasta que llega el momento de la detonación. Luego, nuestras bocas vuelven a expulsar las críticas desagradables.

¡Pero Dios no obra de esta manera! Doy gracias por eso. Este versículo me habla sobre una calidad muy importante del carácter de Dios. Él no retiene rencores, ni nos acusa para siempre. La palabra hebrea significa presentar cargos, criticar o competir con alguien. Dios no pasa la eternidad amonestándonos ni alberga su ira para siempre. Dios se enoja, pero no se arraiga a ese enojo porque en su momento ha tratado con el pecado de forma adecuada. Él no retiene rencores, no los trae a la conversación una y otra vez. Dios no nos hace pagar por el pecado de por vida. ¿Por qué? Porque Dios no nos trata de la forma en que merecemos ser tratados. Dios no nos recompensa según nuestras faltas. La venganza eterna no está en la naturaleza de Dios. Dios perdona. Dios libera la deuda. El perdón significa que Dios no nos hace pagar por el pecado que hemos cometido en su contra. Cuando nos arrepentimos, Dios nos libera del pago. No nos trata de la forma en que merecemos ser tratados. Al contrario, nos trata con amor. Dios elige darnos bondad a cambio de sufrimiento.

Algo que es importante considerar es que Dios sí acusa, y que sí se enoja con nosotros. Estos versículos nos dicen que Dios no mantiene su ira. Dios sí castiga, pero también aligera nuestro castigo, lo cual significa que no se mantiene en el castigo. Dios debe ponernos en posición de culpa antes de perdonarnos. No puede perdonar lo que no ha culpado antes. Por eso, Dios nos culpa y después perdona lo que Él ha culpado. Dios lo perdona y redime nuestro pasado a cambio de Su futuro.

Dios borra nuestras rebeliones.

Porque como están de altos los cielos sobre la tierra, así es de grande su misericordia para los que le temen. Como

54

está de lejos el oriente del occidente, así alejó de nosotros nuestras transgresiones. (Sal. 103:11-12).

El amor leal que Dios tiene por nosotros no disminuye con nuestro pecado. El amor de Dios es grande y es alto. El amor de Dios es exaltado más allá de la atmósfera que nos rodea. Nos ama tanto. ¡SI TAN SOLO TUVIÉRAMOS TEMOR ANTE ÉL! El amor de Dios no funciona para todos en esta forma. Dios ama con esta forma de amor leal solo a aquellos que le temen. Sí, Dios ama a todo el mundo, pero esa es la clase diferente de amor comparado con el amor que Dios tiene para quienes le temen. Temer a Dios es tener reverencia, respeto por Dios y honrarlo. Temer a Dios es amarlo tanto que cuando pecamos nos humillamos y buscamos su perdón amoroso. Temer a Dios es honrarlo tanto que rendimos nuestro orgullo ante su gloria. Dios elimina las transgresiones de aquellos que se rinden ante Él. Dios no limpia los pecados de todos, eso se llamaría universalismo. Dios elimina los pecados de aquellos que se rinden ante Él.

La palabra hebrea que se ha traducido para "eliminar" tiene como significado que Dios separa los pecados de nosotros, dejándolos a una distancia lejana. Aleja los pecados como el oriente está tan lejos del occidente. Dios elimina esos pecados. La conjugación hebrea del verbo denota una imagen incompleta de esta palabra. Mientras permanezcamos en esta vida, Dios elimina los pecados que están en nosotros. Así es como Dios trabaja en nosotros, es un hábito en Él. Nosotros no pecamos solo una vez. Al contrario, seguimos pecando y por ello necesitamos un proceso continuo de parte de Dios para eliminar los pecados en nosotros y así, poder disfrutar del amor leal de Dios.

La palabra para pecados o transgresiones es una palabra que significa rebelión o sublevación. Dios elimina nuestras rebeliones y sublevaciones. De alguna manera, todos los pecados en realidad son rebeliones contra Dios. Siempre queremos hacer las cosas a nuestra manera. Los pecados no son objetos que podamos eliminar físicamente. La expresión es una metáfora, por lo que sería una tontería intentar encontrar una distancia más lejana de la distancia que realmente existe entre el oriente y el occidente. En última instancia, lo que Dios elimina es la rebelión característica de nuestras actitudes. Así es como desecha nuestra falta de santidad.

También he notado que Dios elimina nuestras rebeliones, no de nuestros recuerdos, sino de nuestro alcance. El propósito de Dios es cambiarnos de tal manera que no deseemos volver a rebelarnos en su contra. Simplemente aleja esa rebelión de nosotros. Dios hace una división entre nosotros y nuestros actos de rebelión. ¿Cómo lo hace? Una forma de hacerlo es acercándonos a Él. Entre más cerca estoy de Dios, más lejos estoy del pecado. La distancia que Dios permite entre mi pecado y yo me consuela, de tal manera que ya no tenga que enfrentarme a la culpa de mi pecado. La distancia que Dios permite entre mi pecado y yo también me protege para que no caiga fácilmente en la tentación y que nuevamente me presente en rebelión. ¡Hermoso regalo de la gracia de Dios!

REGRESEMOS AL CASO DE LUIS Y JUAN

Ya que hemos tenido oportunidad de examinar un poco de la complejidad del perdón, podemos entender la lucha de Luis. Existe un enlace directo entre la amargura que Luis tiene hacia Juan y su distanciamiento con Dios, su falta de intimidad con Dios y su pasión por el servicio. Lentamente, las toxinas gemelas llamadas venganza y amargura han ido ganando terreno en la vida de Luis. No podrá estar bien con Dios sino hasta que obedezca la receta del perdón de Dios. La información básica es la siguiente:

- Juan perjudicó a Luis al no pagarle los $20,000 que le prestó. Luis perdonó ese préstamo, y así, liberó a Juan de la deuda que tenía. Luis necesita adherirse al mismo perdón, no por el bienestar de Juan, sino por el suyo propio. Al principio, Luis perdonó la deuda de Juan por el bien de Juan; sin embargo, ahora él necesita mantener ese perdón de la deuda por su propio bien. Necesita olvidar su derecho a la venganza, es ese deseo de desquitarse y en lugar de ello, dejar que Dios trabaje en el asunto en su perfecta justicia. En el siguiente capítulo veremos que olvidar la venganza no es lo mismo que eliminar la justicia.

- Luis no le hizo ningún mal a Juan al hablar con su amigo sobre el fracaso anterior de Juan. De hecho, Luis hizo todo lo que puedo para tratar con gracia a Juan y decidió no hablar de su fracaso con otros. Cuando decidió hablar lo hizo porque su silencio podría hacerle daño a un amigo si no lo alertaba acerca de Juan. Perdonar no significa que Luis debe pasar todo por alto y dejar que Juan abuse de la confianza de Luis o la de alguien más. Juan ha confirmado que no es una persona de confianza y Luis tiene el derecho, incluso la responsabilidad, de proteger a su amigo del fruto de la desconfianza de Juan. El perdón no significa que debemos guardar silencio cuando debiéramos encender la alarma o la corrección a un daño que podría darse.

- En el caso de Juan, él actuó mal contra Luis al crear calumnias y chismes. A menudo, lo que hablamos de otros es lo que realmente causa dolor a largo plazo, incluso más que el que hubiera causa el daño original. En ocasiones, los problemas de relaciones que llevan al distanciamiento en la iglesia son a causa de lo que decimos después de la corrección que recibimos y no precisamente del pecado que necesitaba la corrección. A este punto, Juan no se ha arrepentido del pecado, por lo que los dos hombres están distanciados uno del otro a causa del corazón de Juan que sigue sin arrepentirse. Juan necesita arrepentirse para que pueda recibir ese perdón relacional, en ese caso, a Luis solo le queda que Juan se arrepienta. Una señal del arrepentimiento de Juan podría ser una carta que incluya un cheque con un pago parcial donde confirme la autenticidad de este arrepentimiento, lo cual se tomaría como un fruto tangible (Lucas 3:8).

- Luis ha dado lugar al rencor. Su problema no se basa en la herida hacia Juan sino en la herida hacia su propia alma. No fue él quien atacó, difamó o criticó a Juan, en realidad, no hizo nada malo en contra de Juan. Lo que sí es cierto es que sigue sujetando la amargura en su corazón en contra de Juan, lo cual contamina su alma y lo aleja de Dios. Necesita dejar ir esa amargura, someterla a Dios. Aquí es donde funciona el perdón judicial porque Juan no se ha arrepentido. Luis necesita perdonar a Juan por los chismes y las calumnias, de esa forma, Luis podrá tener una relación recta con Dios (Mt. 6:14-15). Luis necesita rendir su derecho a la venganza, ese deseo de revancha, y dejar que Dios manejar el problema de justicia en el tiempo de Dios. Luis no necesita hablar con Juan para perdonarlo de forma judicial. El éxito de esta transacción entre Luis y Dios puede traer una relación restaurada con Dios.

Vivimos en una tensión con las cuatro paradojas del perdón. Tenemos dos vías, dos aspectos, dos secuencias y dos actitudes que nos dirigen a navegar en la vida cristiana con cuidado. Dios usa las tensiones que sentimos para que crezcamos y busquemos ser más como Cristo, a medida que trabajamos a través de la complejidad del perdón.

4

LOS CINCO AXIOMAS

Tal vez el perdón no tenga un final, pero sí tuvo un principio.[39]
(Jerry Sittser)

Un axioma es una proposición tan clara que no necesita evidencia porque se acepta como una verdad obvia. El perdón tiene como fundamento cinco axiomas generales. Mi intención no es comprobar estos axiomas. Los axiomas son verdaderos para todas las caras del perdón. Son verdaderos para el perdón vertical que recibimos de Dios, así como el perdón horizontal que damos a otros. Estos principios son verdaderos para el perdón judicial y el relacional. Antes de que podamos profundizar en el poder liberador del perdón, debemos detenernos e identificar estos axiomas fundamentales.

Axioma n.° 1: El perdón inicia con la gracia de Dios.

Una persona había pecado de manera terrible, pero su plan conducía al perdón. No era la primera vez que "jugueteaba" con el proceso del pecado y el perdón en la iglesia. Sabía cómo funcionaba el sistema. Pecaba. Pedía perdón. Se restauraba. Es el método cristiano. Dios tiene que perdonar. ¡Ese es su trabajo! Los cristianos tienen que perdonar. Dios así lo demanda. Lo que lo sorprendió fue que el perdón que había planeado recibir no era automático. Otros cristianos en la iglesia no perdonaban ni olvidaban. Dentro de su propio egoísmo y propia complacencia, esperaba cumplir con el castigo y que lo aceptaran de nuevo en la gracia de la iglesia como si nada hubiera pasado. "Le dije a Dios que me sentía mal por lo que había hecho. Cuando le decimos a Dios que lo sentimos, Él debiera perdonarnos porque Él es un Dios de gracia y amor. Tienes que perdonarme también. Todos somos pecadores. Si no me perdonas y me aceptas de nuevo, entonces eres de esos fariseos santurrones que no entienden la gracia de Dios. No tienes derecho de reprenderme por mi pecado porque eso significaría que no me has perdonado". Esa misma noción sentimental es la que vemos comúnmente en la actualidad. El pecador demanda perdón de Dios y de los demás. Supone que debe recibir el perdón de Dios y cuenta con la gracia de Dios. Espera recibir nuestra absolución.

El problema con esto es que creemos que la gracia es un sentimentalismo y por eso, la desechamos. Presumir el perdón como una excusa para pecar infringe la doctrina e invalida la gracia. En realidad, no podemos aceptar la gracia si no empezamos desde una posición de posible rechazo. La gracia es un don, no es una obligación. El momento en que convertimos la gracia en una obligación, dejamos de recibirla como un regalo. El derecho del perdón pertenece al perdonador. Es su derecho darlo o no, pero esto significa que también tiene derecho a negar el perdón. Dios puede perdonar si desea, o bien, puede negar el perdón. En la Biblia vemos que Dios es quien toma el primer paso para dar el perdón divino. El perdón no es automático con Dios. Dios puede negar el perdón a los pecadores (Éx. 23:21; Deut. 29:20; Jos. 24:19; 2 Reyes 24:4; Isaías 22:14; Lam. 3:42; Os. 1:6; Jer. 5:7).[40] Lo que deberíamos hacer es evitar los pecados de soberbia (Salmo 19:13), puesto que cuando somos soberbios en cuanto a la gracia de Dios, invitamos el juicio de Dios. Debemos empezar con la posibilidad de que Dios puede decidir no perdonarnos si aceptamos la gracia de Dios en humildad. Dios se reserva el derecho y el gozo de tomar los primeros pasos para perdonar, no lo hace a nuestra exigencia. La persona que necesita el perdón no puede forzarlo, manipularlo o exigirlo. Si perdonamos según las exigencias, entonces lo daríamos a la voluntad de otros. Eso no sería perdón, sería rendición. No nos atrevemos a exigir el perdón de Dios, porque al hacerlo, estaríamos mintiendo con nuestro arrepentimiento. Cuando somos soberbios ante la gracia de Dios, esa gracia que solo puede obsequiarse, no obligarse, es como que exigiéramos su perdón.

El Salmo 51 nos presenta la anatomía del perdón. El perdón inicia con la gracia de Dios. David empieza con un enfoque en el carácter de Dios Podría decirse que más veces de las esperadas, empezamos enfocando nuestra atención en nosotros mismos, pero nunca encontraremos el perdón si ese inicio es en nosotros mismos. El perdón lo podremos encontrar únicamente si nuestro punto de inicio es Dios y solo podemos perdonar a otros cuando aceptamos el perdón de Dios. El pecador arrepentido busca su consuelo en el carácter de Dios mientras busca el perdón.

> Ten piedad de mí, oh, Dios, conforme a tu misericordia; conforme a la multitud de tus piedades borra mis rebeliones. Lávame más y más de mi maldad, y límpiame de mi pecado. (Salmo 51:1-2).

David hace tres peticiones con fundamento en lo que conoce del carácter de Dios. David pide gracia. Dios nos obsequia su gracia porque él tiene un amor leal (misericordia). El amor leal es la traducción de una gran palabra hebrea que significa que Dios mantiene sus promesas. Dios ha dicho que perdonará nuestros pecados si los confesamos y nosotros sabemos que podemos creer en esa promesa de Dios. Decimos: "pido el perdón que prometiste, Señor. Lo dijiste y ahora lo necesito". David pide misericordia. David le ruega a Dios que borre el registro de su pecado del libro de Dios, quisiéramos que fuera como aquel juguete donde escribimos y al pasar el borrador plástico todo lo escrito desaparece. David le pide a Dios que presione el botón de borrar en el archivo de registros de la computadora y le pide que lo haga porque sabe de la compasión de Dios. La petición a Dios es "esconde mis pecados" o "borra mis maldades" (v. 9).

David pide pureza. Necesitamos buscar más que gracia y misericordia. Necesitamos buscar pureza. Esta palabra en particular era la que más se usó en la Biblia al referirse al lavado de las telas. La palabra se refiere a restregar o frotar con firmeza para eliminar la suciedad de la ropa. En el estilo de lavado de ropa de los tiempos antiguos, la ropa se llevaba al río y se golpeaba contra las rocas después del lavado para eliminar la suciedad. Crecí en Pakistán y pude ver que muchas personas en pobreza todavía lo hacían de esta manera. A veces a nuestra ropa le faltaban botones porque la golpeaban contra las ropas en el río. El punto es que el proceso de limpieza no siempre es placentero. La obra purificadora de Dios puede ser dolorosa. De hecho, esta es la misma palabra hebrea que se usaba en Malaquías 3:2, cuando el profeta compara a Dios con "fuego de fundidor y jabón de lavanderos". Si mi deseo es estar limpio, debo aceptar el jabón con poder purificador de Dios para trabajar en mi vida. Cuando ya no podemos más con nuestro pecado, pedimos perdón y, por ende, aceptamos el proceso de purificación.

> Purifícame con hisopo, y seré limpio; lávame y seré más blanco que la nieve. Hazme oír gozo y alegría; que se regocijen los huesos que has quebrantado. Esconde tu rostro de mis pecados, y borra todas mis iniquidades. (Salmo 51:7-9).

En estos versículos, David usa las mismas palabras hebreas que las que usó en los versículos 1 y 2, pero en forma diferente. En los primeros dos versículos David suplicaba a Dios que lo perdonara. Vuelve a abordar a Dios de esta forma en el versículo 9, pero en los versículos 7 y 8, lo hace con un rayo de esperanza. Es una afirmación de fe que se desarrollará más adelante en ese salmo. En estos versículos, las palabras son declaraciones de expectativa y confianza. El tono de David cambia abruptamente en el versículo 7 y es porque aquí, espera que la limpieza se dé en su corazón. Se trata de un acto de fe. Ese es el punto al que debemos llegar en algún momento si deseamos que suceda la restauración. Debemos aceptar la purificación. Podríamos parafrasear el pasaje de esta forma.

> Me purificarás del pecado con hisopo, y seré limpio; me lavarás y seré más blanco que la nieve. Me harás oír gozo y alegría; permite que se regocijen los huesos que has quebrantado.

La sanidad de las heridas que tenemos siempre inicia con Dios. Solo Él restaura nuestro gozo y alegría.

Axioma n.° 2: Nadie puede perdonar lo que no ha tenida culpa previa.

Un axioma es que la culpa precede al perdón. No hay nada qué perdonar si no existe una culpa. Si se diera una terrible tormenta con vientos fuertes y un árbol cae sobre mi vehículo, el daño es real, pero el perdón no sana el daño porque no hay nadie a quien culpar, entonces, no hay nadie a quien perdonar. Si alguien está conduciendo y se pasa un semáforo en rojo causando un choque con mi vehículo, ahí sí hay culpa por el daño hecho; entonces, tengo la elección para perdonar. Por alguna extraña razón hemos pensado que una persona espiritual nunca culparía a otra persona por un daño. En realidad, la acción espiritual es perdonar, no culpar. Lógicamente, es imposible perdonar si no existe una culpa. Antes de perdonar, debe haber una sentencia. Debemos definir dónde está la culpa antes de que podamos perdonarla. El perdón tiene su origen en la condena. Lewis Smedes escribió: "No se equivoque. Si no culpo a nadie, tampoco perdono a nadie. Si no nos atrevemos a emitir un juicio, tampoco nos atrevemos a perdonar. Podemos culpar a alguien decidir no perdonarlo, pero no podemos perdonarlo si no nos atrevemos a culparlo. Si no hay culpa, no hay perdón y ahí se acaba todo".[41]

Incluso Dios no puede perdonar si Él primero no juzga. La ira de Dios es el obstáculo más grande para que dé su perdón. La Biblia está llena de sentencias que Dios dio en contra de nosotros, los pecadores (Rom. 3:23). Las acusaciones en manos de Dios son como una lista donde escuchamos solo maldades (Rom. 3:10-18) de las cuales ninguna persona queda exenta. La pena del pecado es muerte (Rom. 6:23). Estamos condenados para morir sin remedio, a menos que creamos en Jesucristo (Juan 3:18). Cristo es la propiciación, el pago en sustitución por nuestros pecados (1 Jn. 2:2). Dios cubre su ira judicial pagando Él mismo por nuestros pecados. Cuando somos culpables, Dios puede perdonarnos.

Axioma n.° 3: El perdonador siempre paga el precio de perdonar.

La mañana en que escribí esta sección, tenía una cita con alguien que olvidó que se reuniría conmigo. Había preparado un paquete con información y había apartado tiempo para reunirme con él. La carta que me había enviado especificaba la fecha, hora y lugar donde nos reuniríamos, pero él no llegó. Después de esperar durante quince minutos, lo llamé a su celular. Se disculpó con mucha pena y aceptó la culpa de haber estado ausente a la cita programada. Acepté sus disculpas y "lo perdoné" por no haber llegado. Dejamos programada otra cita para una semana después. ¿Quién pago el precio de perdonar? A él no le costó nada porque ya estaba en camino a otra cita. No tuvo que reacomodar su calendario, aunque ofreció hacerlo. En mi caso, había preparado los materiales y ahora tenía que recalendarizar. Se trató de un perdón diminuto, apenas con valor, pero en realidad sí tuvo un precio y fui yo quien lo pagó. Esta es la forma en la que funciona el perdón, ya sea grande o pequeño. Si le pido prestados $500 y no se los pago, usted podría perdonarme por los $500, pero ese perdón de la duda le va a costar $500. Solo porque usted está haciéndose cargo de mi deuda, eso no significa, en ninguna manera, que minimice el hecho de que usted está pagando por mi agravio.

Dios mismo se hace cargo del precio para perdonarnos. La pena del pecado es muerte (Rom. 5:12; 6:23). Cristo murió por nosotros, los pecadores (Rom. 5:8, 19). Jesús no solo murió como un ejemplo de amor, sino también lo hizo como el pago en sustitución por el pecado (1 Cor. 15:3). La justificación es una transacción comercial entre Dios y los hombres. Los pecados de la humanidad llenan la columna de la deuda y no tienen ninguna justicia que dé equilibrio a esa deuda; mientras que la justicia de Cristo cubre toda la deuda, dejando en cero todo crédito. Por eso mismo, Cristo murió para transferir su justicia y así, cubrir nuestras deudas. Nuestros pecados se transfieren a la columna de deudas pagadas, donde Él mismo hizo el pago. Pablo escribe: "Al que no conoció pecado, le hizo pecado por nosotros, para que fuéramos hechos justicia de Dios en Él". (2 Cor. 5:21). Dios se paga a sí mismo para perdonar nuestros pecados.

A menudo escucho o leo a cristianos bien intencionados que aconsejan a otros a "perdonarse a sí mismos" por los males que han hecho. ¿Cómo puedo perdonarme a mí mismo y qué significa perdonarme a mí mismo? Perdonarme a mí mismo, ¿será similar a tratar de atrapar mi propio aliento cuando respiro en el aire frío? El concepto general se contradice a pesar de los muchos intentos de hacerlo comprensible y significativo.[42] ¿Por qué? Primero, debemos darnos cuenta de que solo la víctima puede perdonar al victimario. Perdonarnos a nosotros mismos tendría que causar una división de persona: ser la víctima y el victimario, como si una de mis divisiones puede perdonar a la otra por el mal que ha hecho mi primera parte. Si un hombre asesinara a mi hija y después me dijera que él se ha perdonado a sí mismo por el asesinato, definitivamente, esto me indignaría. No tiene nada qué perdonar y no tiene derecho a perdonarse por la vida que ha robado. Perdonarnos a nosotros nos llevaría a todo tipo de inconsistencias ilógicas como el ejemplo que acabamos de leer. En segundo punto, el perdonador paga el precio de perdonar. Perdonarme a mí mismo es pagar el mismo precio que yo estoy liberándome de pagar. Por otro lado, perdonarme a mí mismo es retener la deuda. Todo el asunto es un oxímoron. La realidad es que "perdonarnos a nosotros mismos" es un eufemismo, una forma abreviada de aceptar el perdón de otra persona. El problema real es que con esto rechazamos el perdón, y finalmente, esto nos lleva a que sigamos sintiendo la culpa de una deuda que no se ha perdonado. Cuando esto sucede, necesitamos aprender a aceptar el perdón, no a perdonarnos a nosotros mismos.

Axioma n.° 4: La base para todo perdón es la cruz de Cristo.

El perdón para Dios es el problema más profundo de todos.[43] ¿Por qué Dios no simplemente nos perdona sin condición de la forma en que muchos esperan que como humanos lo hagamos por otros? Esta es una enseñanza frecuente. Dios no puede perdonarnos incondicionalmente porque hacerlo sería infringir en su propio carácter. Aunque sería Dios amable, dejaría de ser Dios justo. Sería como ponerlo entre la espada y la pared de su propio dilema. Dios es perfectamente justo y la justicia exige que se pague el pecado. Dios también es perfecto amor y el amor clama por tener una forma de perdón para la deuda. Para que Dios pueda ser tanto justo como perdonador, Él mismo debe pagar la deuda. Debe satisfacer su deseo de salvarnos sin contradecir su carácter justo. El conflicto de sus cualidades puede resolverse en una única manera. Dios liquida la deuda consigo mismo al pagar por el pecado en la cruz.[44] Cristo sufrió para que Él pudiera salvarnos de nuestros pecados. El hijo sufrió para cumplir con la necesidad de justicia del Padre. Si no fuera por la cruz, Dios sería una de dos: perdonador e injusto, o justo, pero no perdonador. Por supuesto, no es ninguna de las dos opciones. Él es justo y perdonador porque en la cruz, Él mismo pagó por el precio de nuestra deuda. La cruz es la base de todo el perdón. Primero, los sufrimientos de Cristo dan forma al fundamento de nuestra sanidad porque nosotros nunca hubiéramos podido pagar la deuda a Dios. La cruz es el perdón pericial. Dios cumple con los requisitos legales que la justicia exige para liberarnos de los castigos penales.

Segundo, los sufrimientos de Cristo son el fundamento para nuestra sanidad porque nuestras heridas llevan un bálsamo especial, es el bálsamo que detiene nuestra sangre a cambio de la suya. Gran cantidad de cristianos ha puesto su vista en la cruz para encontrar consuelo en medio del dolor. John Stott escribió: "Nunca hubiera podido creer en Dios si no hubiera sido por la cruz. En el mundo real del dolor, ¿cómo podríamos adorar a un Dios que es inmune al mismo dolor?" Si Dios pudo sufrir tanto como yo, entonces, de alguna manera, mis sufrimientos pueden volverse más manejables.[45] Dado que Dios sí sabe lo que el sufrimiento significa para mí, entonces Él sabe lo que necesito para recibir ese consuelo en medio de mis sufrimientos. Si yo he sido traicionado, Él lo fue mucho más. Si a mí me han robado, a Él también le han robado. Si he sido incomprendido, tergiversado y difamado injustamente, Él lo ha sido más. He sido llamado a amar a quienes no me aman, Él me enseñó a hacerlo así. Si debo sufrir y morir, Él fue quien murió primero. Sus heridas curan mis heridas como nadie ni nada más puede hacerlo. Si he sido llamado para perdonar a otros al pagar un precio profundo y doloroso, puedo aceptar ese llamado y tolerar esa carga solo porque sé que Él pago un precio mucho mayor por mí. Él sufrió heridas mucho más severas por mí para que por medio de ellas pudiera sanar las mías.

Tercero, si Dios pagó para perdonar mis pecados, entonces Él también pago por los pecados que debo perdonar. La injusticia es un aguijón tan profundo que infecta de forma sistemática al punto que el perdón se siente como una curita sobre la herida fatal. ¿No es injusto perdonar para que el perdonado "se salga con la suya"? ¿Cómo algo malo puede convertirse en algo bueno sin un pago de por medio? ¿Acaso el agravio simplemente desaparece en la niebla metafísica del perdón? ¿Qué pasa exactamente cuando perdono al terrorista que robó la vida de mi hijo o el amigo que me traicionó con mentiras? La respuesta está en la cruz. Cada agravio que ha sido perdonado, Cristo lo ha pagado en la cruz. La deuda se entrega a Dios a los pies de la cruz para que Él la pague por medio de sus brazos abiertos, ahí colgado, y el corazón que murió en ese lugar.

No existe tal cosa en el universo justo de Dios como un agravio que no se resuelva o una deuda que quede sin pago. Solo existen dos posibilidades metafísicas para la justicia. La primera es que el pecador sin arrepentimiento enfrente el juicio de Dios un día y que pague por el pecado con su vida. Estando en el banquillo de santidad del tribunal de Dios, el terrorista recibirá su condena. Pagará por su pecado, como seguramente pagarán todos aquellos que rechazan la solución de que Dios pague por sus pecados. La segunda es que el pecador arrepentido disfruta el perdón de Dios porque Dios mismo ha pagado la deuda en la cruz. Dios cumple con su justicia pagando Él mismo por nuestros pecados. El pecado siempre tiene quien lo pague, ya sea Dios o el pecador. Cuando perdono a una persona que me ha hecho daño, libero esa deuda ante Dios.

Como perdonador, pago a un nivel, pero en última instancia, dejo esa deuda en manos de Dios, pues siendo Dios, Él sabe mucho mejor que yo cómo manejarlo. Dios conoce el corazón humano a la perfección. Él puede contender con justicia con todos los pecadores. Si Dios juzga al pecador por el pecado que cometió en contra de mí, es ahí donde el pecador pagará. El jefe que me despidió a causa de acusaciones falsas enfrentará un día a Dios y pagará por este pecado y por muchos otros. Si Dios perdona al pecador por el pecado que cometió en contra de mí, es porque Dios ha pagado por el pecado en la cruz. Dios perdona al terrorista porque Cristo pagó por su pecado en el tribunal de Dios. De cualquier manera, el pecado se paga.

El perdón es como la tarjeta de crédito de Dios con crédito ilimitado. Esta tarjeta de crédito del perdón es la que siempre llevo en mi billetera espiritual y cuando otros me deben, la uso. ¡La deuda se paga con el crédito de Cristo! No tengo suficientes recursos espirituales en mí mismo para pagar todas las deudas que exige el perdón. Tengo recursos infinitos para pagar todas las deudas porque la cruz deposita esos activos en mi cuenta espiritual. Jesús le enseña a Pedro esta lección con el fuego que aparece después de la Resurrección (Juan 21:9). Llama a Pedro para que vea el fuego y desayune con Él. Jesús está recreando la escena del gran fracaso de Pedro, el fuego cálido donde Pedro negó a Jesús (Juan 18:25). ¿Por qué? ¿Está Jesús actuando de forma vengativa? No. Lo que está haciendo es enseñar una lección objetiva y poderosa por medio del fuego. Tres veces preguntó a Pedro: "¿Me amas?" Tres veces ordena a Pedro: "Apacienta mis ovejas". La única forma en la que Pedro puede apacentar al rebaño de Cristo es viviendo la gracia de Cristo. Conocer el amor de Cristo nos lleva a amar a Cristo. Conocer la gracia de Cristo nos permite ofrecer gracia a otros, de la misma forma en que lo hace Cristo. Conocer el perdón de Cristo nos libera para apacentar las ovejas de Cristo con el perdón.

Axioma n.° 5: El perdón deja el pasado atrás para dar lugar a lo que puede venir.

Claro está que lo que puede venir, no es algo fijo. Lo que puede venir lo establece una gran cantidad de variables a medida que vivimos. Lo que puede venir se descubre cuando dejamos en el pasado lo que era y empezamos a caminar una vía que nos lleva a lo que puede venir. El don del perdón abre la puerta de lo que puede venir. El perdón nos libera del pasado. Si permitimos que el pasado persiga nuestro presente, permitiremos que envenene nuestro futuro. La venganza nos paraliza y nos encierra en la amargura. El perdón elimina nuestros deseos de venganza y libera nuestras almas para que dejemos de cobrar la deuda. El pasado no retiene nuestro futuro como si fuera un rehén. No podemos empezar desde cero como si nada hubiera pasado, pero sí podemos empezar de nuevo para construir el fundamento del perdón.

¡Advertencia! No perdone a la ligera. Es un consejo extraño, lo sé, pues no queremos ser los coleccionistas de deudas que lentamente se hunden en un mar de agravios sin perdonar. Sin embargo, los agravios que se perdonan con demasiada rapidez suelen no quedar perdonados del todo. Lo que sucede es que con esto negamos, reprimimos y redirigimos los agravios que vuelven a surgir para atormentarnos años después. Podemos pagar ahora o después, pero seguro sí pagaremos para perdonar. Así como lo describe adecuadamente Lewis Smedes:

> Mi preocupación está en aquellos que perdonan muy rápido. Tienden a perdonar rápidamente para evitar el dolor, o bien, perdonan rápido para tener ventaja sobre la otra persona o personas a las que perdona. Ese perdón instantáneo solo empeora las situaciones.
>
> Por supuesto, estoy hablando de perdonar heridas graves. Si dos personas tienen una pequeña pelea en la noche y se dicen cosas desagradables a lo que uno responde que lo siente, en ese caso se perdonan y a descansar. Todos sufrimos con pequeños delitos que nos lastiman un poco, pero no de gravedad y hacemos bien en mantener esas pequeñeces en perspectiva, perdonarlos sin demora y seguir como antes. Pero para las heridas graves, necesitamos tomar cierto tiempo.
>
> Cuando una persona que regularmente es sensible se siente traicionada por una persona de su confianza, se ve debilitada y se siente como que la hubieran tratado como un objeto en lugar de una persona. Puede sentirse impactada por un tiempo antes de sentir que su espíritu vuelve a ser el mismo, a lo cual entendemos que ese impacto es un bloqueador temporal del dolor. El

problema es que, si perdona estando en ese impacto, es probable que use el perdón como un escudo en contra del dolor que seguramente, vendrá después.[46]

Sea sincero con su dolor. Deje que todo siga su curso porque el dolor que se niega o reprime no es más que una forma sutil para cobrar las deudas. Surge después para pesar sobre nosotros. Solo cuando hemos asimilado el dolor en su totalidad es cuando estamos listos para perdonar con sinceridad. Es ese momento cuando podemos dejar atrás el pasado y empezar un nuevo futuro. El cronograma para el perdón queda entre el perdonador y Dios. La persona que nos ha hecho mal nunca debiera tener el control de ese cronograma. No es recomendable que cedamos ante las demandas de un perdón muy pronto con tal de aliviar los sentimientos del pecador. Tampoco deberíamos dejar que la conducta del pecador sin arrepentimiento ate nuestras almas. Si esperamos a perdonar hasta que el pecador haga el primer acercamiento, entonces permitiremos que el pecador controle el cronograma de nuestro perdón. De una o de otra manera, estaríamos en esclavitud. Perdonamos cuando Dios nos deja listos para perdonar, ni antes, ni después. Dejamos el pasado atrás para dar lugar a lo que puede venir, incluso si eso es desconocido.

Hace muchos años era el decano académico en una pequeña universidad bíblica que atravesaba una crisis económica. El presidente, Carll Grathwohl, y yo estábamos en desacuerdo sobre la mejor manera para abordar el déficit en el presupuesto. No vale la pena mencionar los detalles de esa pelea; basta con decir que ambos estábamos atrincherados en nuestras posiciones. Todavía recuerdo el día en que Carll vino a mi oficina. Estaba molesto y me dijo que hasta ahí llegaba yo. Me dijo que no renovaría mi contrato para el siguiente año y me despidió. Me dio las malas noticias en enero y me dijo que no podía hacerlo público hasta después de terminar el año escolar, que era en mayo. Mi esposa y yo habíamos sacrificado mucho nuestras finanzas para seguir en la universidad y como si nada, ahí estaba terminando todo. Me sentía enojado; mi esposa también estaba enojada.

La universidad tenía una gran cena para recaudar fondos a finales de ese mes. Carll me pidió que llegara y que me sentara en la mesa principal con él, como si nada hubiera pasado. Llegué (sin mi esposa) y me quedé en la cena lo más que pude. Al nada más terminar la cena, un donante me entregó un cheque con una enorme cantidad para la universidad con la cual podría cubrirse el déficit y mucho más. Los representantes del consejo de administración se reunieron con Carll y conmigo, donde me pidieron que siguiera como decano. Le pidieron que me reinstalara en el puesto. Nos preguntaron si los dos podíamos encontrar una forma de trabajar juntos y los dos estuvimos de acuerdo. Nadie expresó sus disculpas, por lo tanto, no hubo perdón. Estuvimos de acuerdo en trabajar juntos por el bien de la institución. El descuerdo no podría hacerse público para evitar que dañara la reputación de la universidad.

Recuerdo bien la lucha que mantenía con Dios durante los meses siguientes. El recorrido para llegar a la universidad me tomaba 45 minutos cada mañana y peleaba con Dios por mi actitud durante todo el camino hacia la escuela y cada día, para cuando llegaba sentía que lo había perdonado una vez más. Cada día, durante meses, luchaba a través del proceso del perdón con Dios y cada día, me sentía listo para trabajar de cerca con Carll al llegar a la escuela. Trabajamos bien juntos. El ministerio avanzó y después de varios años, renuncié a mi puesto y dejé la administración para pastorear una iglesia local. Seguí dando clases medio tiempo en la universidad. Dejé de pelear con Dios acerca de perdonar a Carll. Pude experimentar el verdadero y dulce alivio de la liberación. *Dejé el pasado atrás para dar lugar a lo que podía venir.*

Al final, Carll se jubiló. Un día me llamó por teléfono y me pidió que llegara a su apartamento. Acepté y me contó una situación difícil. Estaba muriendo y no tenía mucho tiempo de vida. Con lágrimas en los ojos me dijo que yo era como un hijo para él. Su propio hijo llevaba mucho tiempo alejado y ni siquiera había asistido al funeral de su madre unos años atrás. Carll siempre se lamentó del distanciamiento con su hijo y sabía que posiblemente nunca más lo volvería a ver en esta vida. Me pidió que cuando se llegara el momento, diera el sermón en el servicio de funeral. Sentí gozo ante esa petición. Unos meses después, prediqué el sermón con un corazón lleno de amor. Honré al hombre que una vez me había despedido. Lo más importante, honré a Dios cuya gracia hizo posible que esta relación fuera cercana.

LA SEÑAL DE LA TIENDA

En el centro del campamento de los israelitas, debajo del Monte Sinaí, estaba la Tienda de Reunión. Se trataba de una tienda donde Dios se reunía con su pueblo y simbolizaba la presencia de Dios en medio de ellos. Este era un lugar temporal de reunión hasta que se construyera el tabernáculo y más adelante, el templo. Todos conocemos esa historia. Mientras Moisés subía a la montaña para comunicarse con Dios, en el valle el pueblo de Israel caía en la idolatría con un becerro de oro y en inmoralidad sexual. Dios quería acabar con la nación y empezar de nuevo con Moisés, pero Moisés le suplicó a Dios que perdonara al pueblo (Éx. 32:32) a lo que Dios accedió. Dios perdonó el pecado; no obstante, al menos tres mil hombres murieron por su pecado y Dios prometió derrotar a los enemigos de Israel y establecer al pueblo en la tierra que les había prometido a sus antepasados (Éx. 33:3). A pesar del perdón, Dios se negó a seguir viviendo en medio de ellos. Quitó su presencia de en medio del pueblo (Éx. 33:3; 14-15). Moisés movió la tienda de reunión afuera del campamento en donde guardó comunión con Dios en forma frecuente (Éx. 33:7). Dios perdonó, pero no restauró de inmediato una relación cercana con el pueblo. El pecado distanció a Dios y al pueblo, y a Moisés y al pueblo. No les quedó más que mirar desde lejos cómo Moisés se reunía con Dios, y cualquier persona que quería encontrarse con Dios debía hacer un esfuerzo especial para lograrlo hasta que Dios restaurara la relación como resultado del arrepentimiento genuino del pueblo (Éx. 33:4-6) y la intensa oración de Moisés para que la presencia de Dios fuera restaurada en el pueblo (Éx. 33:12-17).

La señal de la tienda nos ilustra que el perdón es tanto un suceso inicial como un proceso continuo. Todos vemos los aspectos del perdón en esta historia del Antiguo Testamento. El pueblo pecaba contra Dios y por ese pecado, Dios los halla culpables. El pecado produjo consecuencias reales y dolorosas, y por lo general, puede llevar a las familias a tomar decisiones como si seguir a Dios por sobre los seres queridos, como con los levitas que debieron ejecutar a todo aquel que rechazara rendirse a Dios, inclusive los miembros de sus propias familias (Éx. 32:27-29). Dios perdonó a la nación judicialmente al no aniquilarnos y al aceptar cumplir sus promesas. Dios retiene el perdón relacional hasta que demuestren arrepentimiento y se lleve a cabo una intercesión real en nombre del pueblo. La distancia permanece entre Dios y su pueblo hasta que se completa el proceso porque la tienda permanece afuera del campamento, lo cual persiste hasta que se finalice la restauración. El pueblo solo podía ver desde lejos por la culpa de su pecado. Adoraban a Dios desde la lejanía.

El perdón cura las dos enfermedades gemelas: la distancia y la venganza. Mientras seamos prisioneros de la ira que conduce a la venganza o la culpa que causa la distancia, nunca disfrutaremos de la intimidad con Dios en nuestras vidas. Nunca encontraremos la renovación para nuestras almas. El perdón es la llave para liberarnos de la cárcel de la venganza o de la muerte por la distancia.

¿Cómo encontramos esa liberación?

5

LA ACEPTACIÓN DE LA GRACIA DE DIOS

...Las dos causas principales de la mayoría de los problemas emocionales entre los cristianos evangélicos son la falta para recibir el perdón y la falta para otorgarlo. [47]
(David Seamands)

El primer paso es, quizá, el paso más difícil en el proceso del perdón. Aprender a aceptar el perdón de Dios y a vivir como una persona perdonada es la lección más difícil en cuanto a humildad. Y es que no podremos extender nuestro perdón a nadie más, sino hasta que aceptemos el perdón de Dios. El perdonador es quien siempre paga. Para aceptar el perdón, debemos llegar al acuerdo en dejar que el perdonador que pague y eso es un aguijón a nuestro orgullo. Por lo regular, somos muy orgullosos para aceptar el perdón que se nos ofrece, en especial cuando viene de otros que dependen de Dios. Queremos recuperar lo que perdimos, ya sea que se trate del respeto, la confianza o la posición. Por ello, luchamos contra el llamado de aceptar la gracia y luchamos con el peso que seguimos llevando a cuestas, un peso que pudiera liberarnos si tan solo aceptáramos la gracia del perdón.

Existe una historia de dos monjes budistas que caminaban en medio de una lluvia torrencial. Llegaron a un arroyo inundado. Una hermosa joven japonesa en kimono estaba de pie en ese lugar con la intención de cruzar al otro lado, pero tenía miedo por las corrientes. Con la compasión característica de los budistas, uno de los monjes le preguntó: "¿puedo ayudarla?" La mujer contestó: "necesito llegar al otro lado del río". El monje la cargó, la puso sobre sus hombros y atravesó el río con ella a acuestas para ponerla a salvo al otro lado. Él y su compañero siguieron su camino al monasterio. Esa noche, su compañero le dijo: "Tengo algo en contra de ti. Como monjes budistas, hemos tomado votos de no ver a una mujer y mucho menos de tocar su cuerpo. Cuando estábamos en el río, transgrediste los dos votos". El primer monje dijo: "Hermano, yo bajé a esa mujer al otro lado del río, pero tú la sigues cargando en tu mente".[48]

Llevamos el peso que la gracia aliviaría con gran gusto. Un hombre me dijo que sabía que Dios perdonaba a los demás, pero que en su caso nunca lo perdonaría por su adulterio. Su lucha era aceptar la gracia de Dios sobre él, a pesar de que enseñaba gustoso la gracia de Dios a los demás. ¿Cómo vamos a entender este fenómeno tan común? Algunos podrán decir que necesitamos perdonarnos a nosotros, pero ¿cómo podemos perdonarnos? Perdonarnos a nosotros es un oxímoron que se promueve a menudo en la actualidad. Existen tres razones de por qué no es una solución verdadera. (1) La Biblia nunca habla de perdonarnos a nosotros. (2) La única persona que puede perdonar es la persona que pasó por la experiencia del agravio. No podemos con las dos cosas: hacer el agravio y recibirlo. No podemos ser las dos cosas: el victimario y la víctima al mismo tiempo. (3) El perdonador paga el costo del perdón, por lo que perdonarse a sí mismo es pagar el mismo precio que estamos perdonando. El perdón a uno es mismo es una contradicción. Lo que hacemos es aceptar el perdón de Dios y de los demás. La distinción es más que semántica. Es un proceso de humildad aceptar el perdón porque renunciamos al orgullo de pagar por nuestras faltas cuando aceptamos la gracia. Debemos aprender el proceso de sanidad al aceptar el perdón para experimentar la liberación verdadera de la carga del pecado mientras todo lo que hay dentro de nosotros grita desdeñosamente en contra de aceptar la gracia. No pagamos nada por recibir la gracia, pero como por instinto queremos hacernos pagar por lo que hemos hecho. El peso es la carga del desprecio por uno mismo o por los demás que nos protege de la impotencia que sentimos cuando recibimos el perdón de Dios o de los demás.

Mi hija regresó a casa muy irritable después de un juego de baloncesto de séptimo grado. El equipo había perdido y ella estaba molesta. Estaba muy enojada consigo misma por algunos errores que cometió en el juego, por lo que se desquitó con ella y con nosotros.

"Realmente fui muy tonta al lanzar el balón de la forma en que lo hice", dijo. Cuando sin compasión alguna, estuve de acuerdo, enfurecida me dijo: "No sabes lo que es estar ahí. No estuviste en el juego", dijo y corrió hacia su habitación. Más tarde hablé con ella y me enteré de que una de sus compañeras había criticado su forma de jugar, dejándola en el banquillo. Le dije: "Bueno, también tú estás enojada contigo". Entonces me dijo: "Sé que no jugué bien, pero no quería que ella me lo dijera". Estaba luchando con los dos lados del desprecio que todos pasamos en algún momento. Nuestro instinto es pelear o huir. Volvemos nuestro odio hacia nosotros mismos o hacia otros y en ocasiones, hacia ambos al mismo tiempo. No soy diferente a los demás. Si olvido comprar la leche en mi camino a casa cuando salgo de la oficina y mi esposa critica mi error, sin dudarlo podría devolver la crítica de mala manera, pero al mismo tiempo, también estaré muy molesto conmigo por el error que cometí. Si digo algo incorrecto en el sermón y uno de los miembros de la iglesia me indica con gentileza mi error, me pondría a la defensiva. Tal vez incluso pase una noche sin dormir dándole vueltas al asunto mientras me hago pagar por el error. Desde el principio de nuestro matrimonio, mi esposa se dio cuenta de que no debía criticar mi sermón de inmediato, era más dócil a la crítica constructiva más tarde, porque tendía a enojarme conmigo por el error, y con ella por hacérmelo ver. La vergüenza se convierte en un aguijón para mi orgullo. El desprecio propio contradice la gracia.

VERGÜENZA Y DESPRECIO

Dan Allender es un consejero cristiano que ha pasado su vida ayudando a víctimas de abuso sexual a recuperarse del trauma de las profundas heridas en sus corazones que no pueden aceptar una intimidad con Dios o con los demás. El abuso produce en la víctima una vergüenza profunda y un desprecio tal, que la víctima de abuso ni siquiera logra aceptar el amor de Dios. Allender cuenta la historia de una amiga que fue víctima de abuso y que se odiaba a sí misma "por sentirse incómoda en la presencia de la gente (especialmente de hombres)". Le preguntó a esta amiga cómo se sentiría si tratara de demostrarle cariño a la hija de nueve años de Allender y en respuesta, la niña se alejara de ella. ¿Sería posible que ignorara el rechazo de la pequeña y la perseguiría en amor? Si viera que la pequeña llora, ¿se enojaría con ella o la sujetaría y le demostraría su tierno amor? Su amiga le respondió que, por supuesto, que amaría a la pequeña niña y nunca la trataría con ira, sino que la trataría con ternura. Entonces, él le hizo ver que ella era esa pequeñita y que Dios quería amarla. Este ejemplo fue un descubrimiento para ella, lo que la hizo llorar por el desprecio que sentía hacia ella y el rechazo que tenía hacia Dios. Aprendió a aceptar el amor de Dios, y claro está, que también a aceptar el amor de los demás.[49]

El desprecio es nuestro mecanismo de defensa siempre que nos sentimos avergonzados. "El desprecio es condenación, un ataque en contra de lo que aparentemente es la causa de la vergüenza".[50] El desprecio es nuestro intento por retomar al control de lo que hemos hecho. Podemos centrar el reflector del desprecio en nosotros mismos, enojarnos por el fracaso y decir: "soy un tonto". O podemos enojarnos contra los demás y pensar: "no sabes de lo que estás hablando". La primera es el autodesprecio y la segunda es el desprecio a los demás. El pecado produce vergüenza, vergüenza legítima. Dios ofrece gracia, pero para nosotros el costo es la pérdida de nuestro orgullo. Tenemos que entregar el control. Tenemos que abrirnos a los ojos de aquel contra quien hemos pecado. Tenemos que aceptar su pago por nosotros. Y tenemos que hacerlo, aunque no queramos aceptar la gracia de Dios, ni la de nadie más. Nos hace sentir débiles e indefensos, por lo que nos atacamos a nosotros mismos con desprecio o contra aquel que nos liberaría con agrado, dándonos el perdón. "El desprecio nos sirve al menos de cuatro maneras: esconde nuestra vergüenza, apacigua nuestros anhelos, nos hace sentirnos en control y altera el verdadero problema".[51]

El desprecio es el enemigo de la gracia. El desprecio nos anestesia ante la posibilidad de liberar el perdón y de protegernos contra el temor de la decepción. El hombre que no puede aceptar el perdón de Dios por su adulterio es una persona que se desprecia a sí misma. Lo más seguro es que esta persona sea su propio aguijón por lo que hizo y que después tanto su esposa, como Dios, paguen por su perdón. Pareciera que está en control, aunque para eso tenga que odiarse a sí mismo. Si ni su esposa ni Dios pueden hacerlo pagar, entonces él mismo se hará pagar. Aunque anhela la intimidad con su esposa, ese anhelo se apacigua en un perverso intento de protegerse de la decepción de ser rechazado o por la vergüenza de la traición que lo atormenta en sus recuerdos. Es más seguro derramar el desprecio sobre sí mismo que abrirse a las posibilidades de una verdadera intimidad a través de la confesión y el perdón. Termina destruyendo sus anhelos por medio del desprecio por su pecado. Nunca estaría bien ni con su esposa ni con Dios, lo cual es el precio que él mismo pagaría por su pecado, es el mismo precio de la gracia que se ha ofrecido para su liberación.

"Pastor, sé que Dios me perdona, pero no me puedo perdonar por lo que he hecho". La enseñanza popular de que necesitamos perdonarnos a nosotros mismos parece incrementarse desde el enfoque en los sentimientos, lo cual ha llegado a proporciones epidémicas en nuestra sociedad. No nos sentimos bien por lo que hicimos. Nos sentimos culpables, por lo que diagnosticamos el asunto como el fracaso de perdonarnos a nosotros mismos. En realidad, se trata del orgullo. Lo que queremos decir es que somos demasiado orgullosos para aceptar el perdón que alguien más nos ofrece. Queremos recuperar lo que perdimos, ya sea que se trate del respeto o la confianza. No queremos aceptar la gracia porque en ese caso estaríamos en deuda con el perdonador y eso hiere nuestro orgullo. En la naturaleza de los seres humanos se encuentra incorporado aquello que llamamos "principio de reciprocidad". Si aceptamos un regalo de alguien, nos sentimos obligados a ser recíprocos dando algo de vuelta a quien lo ha obsequiado. El principio de reciprocidad crea la carga que sentimos cuando la gracia perdona. Nunca podremos retribuir el precio de la gracia; esa es la razón por la rechazamos la gracia en primer lugar. No soltamos nuestro orgullo, nos negamos a "perdonarnos a nosotros mismos".

REIVINDICACIÓN Y VENGANZA

Algo muy extraño sucede en ante la gracia. El pecador reacciona de forma que trata de retomar el control de la situación. La gracia nos hace sentir indefensos y no nos gusta esa sensación. Por ello, nuestra respuesta suele ir acompañada de un "sí, pero es que...". Cada vez que incluimos la frase es un fracaso en la aceptación de la gracia. Desarrollamos dos mecanismos de defensa que nos ayudan a estar en control: la reivindicación y la venganza. Estos dos puntos proyectan algunos elementos del fracaso que existe sobre otra persona (incluso sobre el perdonador) con la intención de que no nos sintamos tan indefensos. Dado que la mayoría de las situaciones tienen que ver con relaciones interpersonales complejas, normalmente podemos encontrar alguna culpa parcial que nos hace sentir más en control, incluso cuando se trata de una falta. El 70 % de la culpa que siento no es tan pesada cuando puedo señalar el 30 % de la culpa de alguien más. Tampoco tengo que sentirme tan indefenso ante el 70 % del perdón de otra persona si tengo la oportunidad de perdonar un 30 % a esa misma persona. Eso me permite tener cierto control de la situación. La viga de mi ojo no duele tanto si puedo señalar la paja que tienes en el tuyo (Mt. 7:3-5). Mientras busquemos reivindicación, no podremos aceptar el perdón. Mientras busquemos venganza, no encontraremos la gracia.

Recuerdo una mañana en la que escribía este capítulo y antes de llegar a la oficina me detuve en la tienda de abarrotes para comprar algunos productos. El hombre que estaba adelante de mí en la línea de la caja exprés discutía con la cajera por el cobro. Insistía en que las galletas que había comprado estaban marcadas con un precio distinto del que le estaba cobrando. Entonces, la cajera envió a alguien para que se cerciorara del precio en el anaquel. El empleado regresó diciendo que el precio que se cobrara era el precio correcto. "No", respondió el hombre. "Son solo 7 centavos, pero yo sé que tengo la razón". La cajera ofreció cambiar el precio al que él creía que era, pero el hombre rechazó el precio más bajo porque lo que le ofrecían era un acto de gracia. Su conocimiento le indicaba que estaba en lo correcto y que la cajera estaba equivocada. "Voy a pagarle lo que dice, pero sé que estoy en lo correcto". Finalmente, él y el otro empleado se dirigieron hacia el otro extremo de la tienda para poder enseñarle que le habían cobrado algo incorrecto. No me quedé esperando a ver la conclusión de esta pequeña ilustración en la naturaleza humana. Pude ver mi reflejo en ese hombre. La reivindicación es un motivo poderoso para negarme a aceptar la gracia. Nos interesa más tener la razón que pagar menos. Si nos mantenemos en la posición de agraviados para sentirnos bien, seguramente terminaremos pagando de más.

La reivindicación es la necesidad de demostrar que tengo la razón. Cuando hemos pecado en contra de alguien, nos esforzamos por encontrarle sentido al hecho de que tenemos la razón. El método para elegir es la explicación. Lo que nos confronta es el pecado. Nos han ofrecido perdón y sí lo aceptamos, el problema es que tendemos a decir, "necesitas entender la situación". Me equivoqué en lo que hice, lo sé, pero si entendieras por lo que estaba pasando y cómo fue que cometí ese pecado, te darías cuenta de que no soy tan mala persona después de todo. Me sentiría reivindicado incluso si aceptara tu perdón. En realidad, he rechazado el perdón que pretendo recibir al cambiar el enfoque para poder sentirme reivindicado.

La venganza es la necesidad de encontrar que existe alguien más que se equivoca. Queremos culpar a alguien o a algo, sabemos que, al compararnos, nos podríamos sentir mejor. "Sé que anoche perdí los estribos y dije cosas que no debía decir, pero es que no debiste burlarte de mí enfrente de mis amigos". La venganza cambia sutilmente la culpa para que ahora pueda negociar mi rendición, en lugar de aceptar tu perdón. Con la venganza lo obligo a pagar por el daño contra mí que cuesta 10 centavos para que no me siente mal por el daño que he hecho contra usted y que cuesta $10. En la parábola de Jesús del siervo despiadado, el amo perdona una gran deuda que le debía el siervo. El siervo sale y exige el pago por una deuda menor que otro siervo le debía y cuando este segundo hombre no pudo pagar, el siervo lo encarceló por su falta (Mt. 18:21-35). La venganza ante el perdón es una tendencia común de los seres humanos. Los líderes de las iglesias pueden confrontar a una persona que está en pecado y le ofrecen gracia cuando ven que esta persona está arrepentida. La persona reconoce el pecado, pero después, ataca a los líderes de la iglesia por la forma en la que manejaron la situación. Es posible que los líderes no amaran lo suficiente, o que la estructura de la iglesia no fuera bíblica o bien, que los líderes hayan fracasado al acelerar el apoyo para el pecador. Todas estas son formas de vengarse de los demás, lo hacen echando la culpa a alguien más. La venganza ejerce control al rechazar la gracia.

LA CONFESIÓN

Debemos aceptar la gracia de Dios con fe, así como lo hizo el salmista David (Salmo 51:7-8). Dios promete perdón porque su naturaleza es el perdón (1 Juan 1:9). Estamos confiados en que recibimos su perdón cuando confesamos nuestros pecados. El perdón es un don que Dios obsequia a quienes confiesan su pecado. La confesión da a Dios la oportunidad de obsequiar ese don. Dios ya nos ha perdonado judicialmente, por lo que está listo y dispuesto a perdonarnos relacionalmente cuando nos acercamos ante Él con una actitud de confesión. La confesión no es una costumbre, no se trata de un ritual. La confesión no es obra de hombres, no es un acto de penitencia que se diseña para sazonar el favor de Dios. La confesión es el reconocimiento de nuestros pecados y por medio de la cual recibimos la gracia de Dios. En la confesión, recibimos con calidez la gracia que Dios se complace en dar a los corazones sensibles que lo buscan. La confesión es un acto de humildad. Rendimos nuestro derecho de controlar a Dios y de aceptar su derecho de juzgarnos si Él así lo desea. Recibimos su amonestación como una expresión de gracia que viene de su amor (Heb. 12:5-6; Prov. 3:11-12). Dios es justo y fiel. Estos dos atributos no se contradicen en Dios. Confiamos en su justicia fiel con la cual nos otorga la gracia. Confesamos que somos indignos para recibir su perdón. En la confesión, reconocemos que no merecemos, ni tampoco exigimos, su gracia. Con humildad, acogemos su gracia por fe. Al leer al salmista David, vemos que el perdón inicia en la confesión (Sal. 51:1-2).

Dios busca la actitud de un corazón recto antes de que abra las compuertas de su gracia. En nosotros siempre habrá una parte que necesite el perdón de Dios, en cada situación. Incluso cuando tenemos razón, estamos equivocados. Puede que sea el orgullo, la justicia propia o la venganza lo que impulsa nuestro pecado, pero el perdón llega cuando confesamos y acogemos su gracia sanadora. El mismo principio que guía el perdón vertical es el que guía el perdón horizontal. La misma actitud que recibe el perdón de Dios es la actitud que se necesita para recibir el perdón del hombre también. Así como no podemos coaccionar o demandar la gracia de Dios, tampoco podemos manipular y controlar la gracia del hombre. La gracia es el don del que ha sufrido el agravio al alma de aquel que lo agravió. O la gracia se obsequia con libertad, o no se obsequia en lo absoluto. Así también, la gracia debe recibirse con humildad, o no recibirse en lo absoluto. La confesión de nuestros pecados a aquellos contra los que hemos pecado (Santiago 5:16) abre la puerta para acoger la gracia que debemos otorgar con libertad, cuando se da en su totalidad (Col. 3:13).

Nuestra relación en Cristo requiere un espíritu de confesión que acoge el don del perdón. Muchas relaciones se han deteriorado porque el pecador no puede rendir el control para aceptar la gracia de aquel que los agravió. Jesús nos dio instrucciones para que reprendiéramos a quien hubiera pecado contra nosotros, dándonos a entender que de su respuesta dependerá a dónde irá la relación a partir de ahí. Si nos escucha, ganamos un hermano, pero si no, entonces no restauramos la relación (Mt. 18:15). Ahora bien, si peco contra mi hermano, también debo recibir su corrección con el espíritu adecuado si quiero acoger su perdón. La confesión es la disposición de escuchar una represión sin buscar tener el control del proceso. La confesión renuncia a mi derecho de señalar sus defectos y exigir el perdón porque si lo hago, destruyo la oportunidad de que me otorgue el perdón relacional. La actitud del pecador ante la corrección es el factor decisivo en el futuro de la relación. Tendríamos mucho de qué hablar acerca del corazón de un hombre por la forma en la que enfrenta la represión. La corrección revela el corazón del hombre (Prov. 9:8; 13:1; 15:10). Debo estar dispuesto a escuchar a mi hermano y a reconocer mis errores si he de recibir su perdón y encontrar la sanidad para mi alma.

6

LA CULPA TIENE NOMBRE

No podemos confesar a Dios lo que no hemos podido reconocer.[52]
(David Seamands)

He sido un seguidor del equipo de béisbol de los Medias Rojas de Boston desde 1967, el año en que Carl Yastrzemski ganó la corona triple y el equipo perdió la serie mundial. Hubo más decepciones en 1975 y en 1986. Por eso, el año 2004 fue especial. Todos vimos cómo los Medias Rojas ganaron la serie mundial por primera vez en 86 años. Desperté a mi hija de 12 años para que presenciara el gran suceso esa noche. Pudo apreciarse en pantalla una pancarta en la tribuna al final del cuarto juego en el Busch Stadium después de que los Medias Rojas derrotaran a los Cardenales. La pancarta decía: "Bill Buckner: te perdonamos". En la serie mundial de 1986, Bill Buckner cometió un error importante y los seguidores en New England mantenían esos recuerdos. Sin embargo, Buckner no tardó en decir que él no quería que "lo perdonaran" por el error. Se presentó en el programa radial de noticias deportivas *Hablando con James Brown*. "No quiero bajar los ánimos para que se piense que no me siento contento con la victoria de los Medias Rojas de Boston, realmente merecían ganar la serie mundial este año. Lo que pasa es que me decepciona un poco todo el asunto. Esto de decir que me perdonan para limpiar mi nombre, no sé si me entienden, pero... ¿limpiarlo de qué? ¿Qué hice mal? Es como estar en la cárcel por 30 años y que después de todo ese tiempo aparezca una prueba de ADN en la que digan que no eres culpable. He pasado por muchas situaciones, que, a mi parecer, no las merecía y fueron negativas para mí y para mi familia por mucho tiempo; no es agradable que alguien venga ahora y me diga 'te perdonamos'. A lo que me refiero es que es una situación que trae un sabor amargo".[53]

La pregunta de Buckner es el punto de inicio del perdón. ¿Qué hice mal? Cuando alguien ofrece el perdón a alguien más, sin que se haya identificado el error cometido, el perdón resulta un insulto y algo que degrada a la otra persona. Primero, debe identificar el agravio antes de que podamos recibir la curación del perdón. El perdón no sana todas las heridas. El perdón no cura la decepción o la frustración. Dios receta que se perdone a alguien cuando se lastima directamente a alguien más o cuando lastimamos a Dios con nuestras elecciones morales e inmorales. Si Bill Buckner hubiera apostado en contra de los Medias Rojas y hubiera dejado deliberadamente que la pelota pasara en medio de sus piernas para que perdieran, entonces podríamos decir que sí hizo daño, pero sería un daño hacia los compañeros y los entrenadores, más que a los seguidores. Un error siempre es parte del juego. ¿Quién puede asegurar que otros fracasos de entrenadores o jugadores durante una serie de siete juegos no causaron tanto daño a las esperanzas de los aficionados? El perdón inicia con una culpa moral personal y específica. Debemos diagnosticar el agravio antes de que podamos aplicar el perdón a las heridas.

EL DIAGNÓSTICO

El diagnóstico es el primer paso hacia la sanidad, tanto a nivel médico como espiritual. La amargura, la culpa, la ira y la venganza actúan como una ligera fiebre que agota el sistema e infecta el alma. Debemos ser capaces de diagnosticar con precisión la causa antes de tener una cura para la enfermedad. Debemos ser capaces de identificar la culpa antes de establecer el perdón. La primera regla para la liberación es identificar la culpa primero y después el perdón. Si no somos precisos con nuestra culpa, no sabremos qué o cómo perdonar. Identificar la causa de nuestra culpa o la razón de nuestra venganza es fundamental para la sanidad del alma. Cuando no se tiene un diagnóstico sobre la amargura, esta consume las profundidades del alma como el cáncer lo hace en el cuerpo. Los síntomas podrían no relacionarse con la causa e incluso podrían pasar desapercibidos durante años, pero la única forma de que se dé el perdón es diagnosticando la causa de la amargura. Lo único que nos puede ayudar a tener sanidad, es identificar la culpa. La culpa difusa nos lleva a un perdón confuso. El perdón confuso no logra dar sanidad al alma y, de hecho, podría causar mucho más dolor al final a medida que la infección sigue avanzando con resultados amargos.

Dios no puede perdonar donde no ha encontrado culpa. El perdonador no puede perdonar sin culpar a la persona que necesita ser perdonada. Nadie puede perdonar una deuda hasta tener el reconocimiento de cuál es la deuda que debe pagar. Dios nos condena y nos perdona al pagar la deuda que debemos. Como cristianos, entendemos este principio relacionado con la conversión, pero no es menos verdadero para la santificación. La cruz es el fundamento de toda la salvación, ya sea cuando la recibes o cuando sigues en ella. Como creyentes, nuestra posición es ser perdonados siempre en Cristo. El perdón judicial es permanente. Nunca hemos pagado el precio de la muerte eterna por nuestros pecados porque Dios los ha perdonado, tanto los del pasado, los presentes y los futuros. El castigo de la muerte ha sido suprimido para el creyente. Sin embargo, el pecado tiene consecuencias para el creyente. El pecado hiere y daña nuestra relación con Dios. El pago por el pecado sigue llevando un precio relacional y por ello necesitamos un perdón relacional continuo de Dios para permanecer cercanos a Él. La distancia se arrastra en el alma del cristiano que peca. El perdón de Dios es la única cura para el aguijón de la amargura y el cáncer de la culpa que infecta nuestra alma, causando desastres en ella. Dios no puede perdonar lo que Él no ha condenado antes. Dios debe diagnosticar la enfermedad antes de que pueda recetar su perdón.

El profeta Isaías ilustra este proceso de forma conmovedora. Dios empieza acusando a su pueblo de pecado con palabras muy precisas y poderosas. Dios lanza una condena a su pueblo con palabras severas. Se convierte en el fiscal que está delante del banquillo de sus santos requerimientos. No hay nada agradable en la culpa que Dios encuentra en ellos o en los cargos que se acumulan contra ellos.

> ¡Cómo se ha convertido en ramera la ciudad fiel, la que estaba llena de justicia! Moraba en ella la rectitud, mas ahora, asesinos. Tu plata se ha vuelto escoria, tu vino está mezclado con agua. Tus gobernantes son rebeldes y compañeros de ladrones; cada uno ama el soborno y corre

tras las dádivas. No defienden al huérfano, ni llega a ellos
la causa de la viuda. (Isaías 1:21-23, 20-14)

Dios diagnostica los pecados específicos definitivamente. No endulza las injusticias que se cometen en contra de Él, siendo su gobernante. Dios también declara las acciones que toma contra ellos a causa de su pecado. Dios retiene su perdón y retira su misericordia. Además, pone distancia entre él y la gente debido a su pecado. Después de la primera lista de acusaciones, Dios le dice a su pueblo: "Y cuando extendáis vuestras manos, esconderé mis ojos de vosotros; sí, aunque multipliquéis las oraciones, no escucharé. Vuestras manos están llenas de sangre". (Isaías 1:15)

Sin duda que hablamos de un Dios implacable, ¿no es así? Podríamos decir que aquí se ve bastante duro y directo. Dios no está dispuesto a perdonar bajo las circunstancias actuales. Se rehúsa a restaurar una relación entre ellos y Él si no existe un cambio. Así que Dios sigue diciendo: También volveré mi mano contra ti, te limpiaré de tu escoria como con lejía, y quitaré toda tu impureza (Isaías 1:25)

Dios no solo se alejará de ellos y no escuchará más sus oraciones por su pecado, sino que Dios volverá su mano contra ellos. Vemos que Él se convertirá en quien los procese directamente. Su interés es purificarlos, pero lo hará a través de la vergüenza y la pena del exilio. Traerá sufrimiento para enseñarles sus caminos y para quitar sus impurezas. Isaías escribe largos capítulos para decirle al pueblo de la destrucción venidera y del terrible dolor que van a experimentar. El propósito de este dolor es que alcancen la pureza. El anhelo de Dios es purificarlos por medio del sufrimiento. Dios desea refinarlos en el fuego de su ira. El propósito de Dios no es eliminar la relación que Él tiene con su pueblo escogido, sino reconstruir esa relación sobre un fundamento santo.

LA RECETA

Dios receta arrepentimiento antes del perdón. Su deseo es que cambien antes de que Él responda con su gracia. Los llama para que evidencien su arrepentimiento por medio de sus acciones. El pueblo debe aprender a corregir los errores que han cometido para ser capaces de disfrutar del perdón. El pecado daña la relación y Dios es muy específico acerca del proceso que se requiere para que la situación cambie por completo.

> Lavaos, limpiaos, quitad la maldad de vuestras obras de delante de mis ojos; cesad de hacer el mal, aprended a hacer el bien, buscad la justicia, reprended al opresor, defended al huérfano, abogad por la viuda. (Isaías 1:16-17).

Dios está listo y dispuesto a perdonar si ellos toman las acciones que Él les ha recetado. El arrepentimiento requiere un cambio en la conducta y no solo palabras que simulen ese arrepentimiento. "Lo siento" solo es un preludio a la sanidad. La verdadera sanidad viene únicamente cuando la persona arrepentida vive sinceramente el arrepentimiento con dolor por el pecado, lo cual lleva a una rendición auténtica para sobrellevar las consecuencias del pecado. Hasta ahí, Dios ha retenido su perdón. Solo después es que Dios está listo para liberar el perdón, aunque siempre está listo para concederlo. Dios les dice:

> Venid ahora, y razonemos —dice el Señor— aunque vuestros pecados sean como la grana, como la nieve serán emblanquecidos; aunque sean rojos como el carmesí, como blanca lana quedarán. Si queréis y obedecéis, comeréis lo mejor de la tierra; pero si rehusáis y os rebeláis, por la espada seréis devorados. Ciertamente, la boca del Señor ha hablado. (Isaías 1:18-20).

Estos versículos encajan en un contexto de culpa y condenación. La culpa es la que aparece primero. Después vienen el arrepentimiento y la confesión para darle lugar a la restauración. Aquellos que se rehúsan a rendirse en arrepentimiento sufrirán las consecuencias del pecado. Aquellos que van en contra de la disciplina de Dios no encuentran el perdón.

La culpa es el prerrequisito del perdón, pero la culpa sanadora no sucede, a menos que sea en medio del dolor. Dios no se goza en la condenación de su pueblo. Permanece fiel a su amor y apasionado en el llamado que ha hecho. Dios se contrista como lo hace un cónyuge que ha sido traicionado, pero que sigue amando. Dios mantiene el anhelo, incluso sabiendo que hay culpa. Es como el padre que sufre por un hijo rebelde. Dios anhela en el amor, mientras castiga en la santidad. Jeremías ilustra esto conforme Dios habla: "¿No es Efraín mi hijo amado? ¿No es un niño encantador? Pues siempre que hablo contra él, lo recuerdo aún más; por eso mis entrañas se conmueven por él, ciertamente tendré de él misericordia —declara el Señor" (Jeremías 31:20). Isaías ilustra a Dios como un esposo que ha rechazado a su esposa a causa del pecado que ella cometió. Dios retiene su perdón en la ira, pero sigue amando, incluso cuando Él ha mostrado su rechazo.

> Porque como a mujer abandonada y afligida de espíritu, te ha llamado el Señor, y como a esposa de la juventud que es repudiada —dice tu Dios. Por un breve momento te abandoné, pero con gran compasión te recogeré. En un acceso de ira escondí mi rostro de ti por un momento, pero con misericordia eterna tendré compasión de ti — dice el Señor tu Redentor. (Salmo 54:6-8).

La disciplina airada de Dios es solo momentánea (Salmo 30:5; 103:9). El propósito de Dios siempre busca restaurar la relación. Dios se mantiene comprometido con la reconciliación, pero es así de preciso porque Dios está comprometido con la reconciliación que retiene el perdón hasta que suceda un arrepentimiento genuino. La gracia de Dios nunca será una gracia barata; su gracia, al contrario, arde con un amor valiente que se niega a conformarse con un arreglo presuroso o un arrepentimiento falso que restaura una relación a un nivel superficial. Tal vez nosotros sintamos satisfacción con algo superficial, pero Dios no. Se mantiene en tener una intimidad pura y una comunión profunda. Dios arriesga nuestro rechazo, mientras busca que nos arrepintamos. Nos culpa por nuestro pecado, sí, a pesar de que sabe que podríamos despreciar su amor en nuestra amargura. Dios está dispuesto a aceptar el costo potencial de nuestro rechazo a cambio de ganar nuestro amor más profundo y puro. Él no se sentirá satisfecho con lo superficial. Dios nos culpa por la oportunidad de amarnos y de que lo amemos en un amor más profundo y puro de lo que podemos imaginar en nuestra pecaminosidad.

¿Qué es lo que Dios desea de nosotros? ¡Que hagamos una confesión sincera! La confesión es admitir la culpa propia. Es tomar la responsabilidad por nuestras acciones, las que han lastimado a Dios. Dios busca que nuestra propia culpa no nos haga miserables, pero sí que nos libere de la miseria que vivimos hasta el momento que confesamos. En el tiempo en que David, el salmista, guardaba silencio, se estaba consumiendo. La mano de disciplina de Dios fue severa con David, por lo que sus fuerzas se vieron agotadas como el calor del sol de verano. En ese momento confesó su pecado a Dios, dejó de cubrirlo. Reconoció lo que había hecho y Dios lo perdonó (Salmo 32:1-5). Como una esposa cuya vergüenza provoca que se aleje de su esposo por su traición, nos alejamos del abrazo de Dios. Nos sentimos miserables en nuestro pecado, avergonzados de nuestras fallas, hasta que confesamos. La confesión es la forma en la que nos adherimos al verdadero arrepentimiento. Aceptamos la culpa por nuestro pecado para que tengamos libertad de aceptar el regalo del perdón. Si no aceptamos la culpa, no podemos aceptar el perdón.

La confesión es el llanto honesto desde un corazón que anhela estar bien con Dios. Mientras ocultemos nuestro pecado, Dios seguirá reteniendo su perdón. Mientras estemos en silencio en nuestra rebeldía, Dios también niega la reconciliación. El salmista David comprendió este paradigma para mantener intimidad con Dios. Se quedó en silencio ante Dios porque sabía que Dios lo estaba castigando por su pecado (Salmo 39:8-9) y se opuso a rendirse ante la acusación de Dios. Finalmente, cuando ya no lo pudo tolerar, clamó con sinceridad a Dios.

> Quita de mí tu plaga; por la dureza de tu mano estoy pereciendo. Con castigos corriges al hombre por su iniquidad; como la polilla, consumes lo que es más precioso para él; ciertamente, todo hombre es solo un soplo. (Salmo 39:10-11).

Sin embargo, David sabía que la confesión sincera abría el corazón de Dios hacia él. Cuando Dios lo castigue, no reniegue, tenga esperanza. David escribió:

> Y ahora, Señor, ¿qué espero? En ti está mi esperanza. Líbrame de todas mis transgresiones; no me hagas la burla de los necios. Escucha mi oración, oh, Señor, y presta oído a mi clamor; no guardes silencio ante mis lágrimas. (Salmo 39:7-8; 12).

89

LAS CARAS DEL PERDÓN

La disciplina de Dios nos llama al arrepentimiento. El arrepentimiento nos lleva a la confesión y la confesión abre el corazón de Dios para perdonarnos y restaurar nuestra relación con Él; sin embargo, todo inicia con una culpa precisa.

Si este paradigma es verdadero para recibir el perdón vertical, entonces es igual de cierto para el perdón horizontal. Dios nos enseña la culpa por nuestro pecado hasta que nosotros nos volvemos a Él en un arrepentimiento genuino. También debemos hallar la culpa de otros cuando pecan en contra de nosotros hasta que ellos muestren su verdadero arrepentimiento. El perdonador no puede perdonar sin tener en claro la culpa sobre la persona que necesita ser perdonada. El perdón trata con la deuda. Perdonamos a las personas por un mal específico que se ha hecho y que debería pagarse, una herida real que ha lastimado nuestras almas. El perdonador no puede liberar una deuda sin antes haber reconocido que la deuda existía y a menudo, el reconocimiento requiere una confrontación personal entre el perdonador potencial y el pecador que busca el perdón. Podemos perdonar judicialmente aun en estado de ausente ante un tribunal, pero el perdón relacional solo se logra después de la amonestación. La confrontación va antes del perdón relacional y esta confrontación incluye una represión.

Jesús enseñó este proceso en el Nuevo Testamento. La represión personal y privada es el primer paso en un proceso de corrección. Jesús dijo: "Y si tu hermano peca, ve y repréndelo a solas; si te escucha, has ganado a tu hermano" (Mt. 18:15). El perdonador no debe perdonar de forma relacional hasta que muestre al transgresor su culpa y que realmente el transgresor "escuche", lo que significa que responde de manera adecuada a la represión. Si no se observa una represión no puede haber un perdón verdadero. Todo aquello que se deja turbio y pantanoso es la causa de por qué en la iglesia hay asuntos que no se resolvieron en lo absoluto. El arrepentimiento viene antes del perdón. "¡Tened cuidado! Si tu hermano peca, repréndelo; y si se arrepiente, perdónalo" (Lucas 17:3). La represión es igual a la culpa. La represión llega antes del arrepentimiento. El proceso del perdón relacional tiene como primer punto a la represión (culpa) y luego, al arrepentimiento para finalmente dar lugar al perdón.

EL PROCESO

Dan Allender sostiene este proceso antes de aconsejar a las víctimas de abuso que perdonen a sus abusadores. Escribe lo siguiente: "La confrontación real debe incluir represión. A menudo, la represión abre la puerta al arrepentimiento. La represión debiera aclarar la ofensa, sus consecuencias y los medios para la restauración. La represión debe seguir una secuencia lógica y si se omite un paso, la represión no puede continuar. Los asuntos que omiten algún paso podrían ser un punto de discusión entre la víctima y el abusador, pero la resolución no puede darse sino hasta que se haya tratado con estos asuntos".[54] Establece cinco pasos a seguir para las víctimas de abuso, los cuales he adaptado aquí para un uso más general.

1. La víctima identifica los detalles del pecado y el pecador concuerda con la precisión del resumen dado.
2. El pecador acepta toda la responsabilidad de sus acciones sin cambiar la dirección de la culpa, sin excusar su conducta o explicar las circunstancias del pecado.
3. El pecador demuestra un dolor auténtico sobre el daño que ha hecho a la víctima y acepta las consecuencias que se señalen.
4. La víctima identifica cambios específicos que el pecador debe hacer para hacer posible la reconciliación, y el pecador debe estar abierto a esos cambios para eliminar las barreras para llegar a una relación saludable.
5. El pecador acepta seguir el camino que la víctima establece y busca ayuda por medio de la disciplina en la iglesia y la consejería adecuada para corregir los agravios que ya hecho.[55]

Suponga que somos parte de un grupo de alabanza en la iglesia. Una noche, durante el ensayo, usted hace un comentario criticando mi forma de cantar porque he estado cayendo en la misma nota errónea los últimos cuatro intentos de la canción. Me ofendo y estallo contra usted. Le respondo de forma desagradable en frente de todo el grupo. "Siempre criticas a todos y piensas que tú sí lo haces bien. Lo único que te importa es estar al frente y no toleras que alguien más se destaque cantando. Ahora está claro por qué estás visitando un consejero matrimonial, claro, porque criticas demasiado". Salgo con gran enojo del ensayo mientras usted se queda llorando y todo el grupo con gran vergüenza. Más tarde y en privado, usted me confronta. Me hace ver que la agravié y que mis comentarios desagradables la han herido profundamente. La acusé falsamente de orgullo, esparcí rumores suyos pasando información de segunda mano sobre la consejería que recibe sin saber la realidad del asunto. Coincido con usted. Digo que lo siento, pero que necesita entender que ese día fue difícil para mí. Explico que en casa tuve una gran pelea con mi esposa antes del ensayo por problemas económicos serios. Ese día me despedían del trabajo y ya estaba atrasado con la hipoteca. No sé qué hacer y durante la oración al inicio del ensayo, ni siquiera preguntó cómo estaba yo. Parece que a nadie le importaron mis necesidades esa noche. Me disculpo por lo que dije, pero explico que ha sido un tiempo muy difícil para mí. Pido que comprenda lo que estoy pasando y le pido perdón.

Comprender no es lo mismo que perdonar. De hecho, el minuto que busco comprensión no puedo esperar perdón. El momento en que usted otorga la comprensión, elimina la oportunidad de perdonar. Lewis Smedes escribió: "Si entendemos por qué una persona actuó como lo hizo, no la estamos perdonando. Logramos perdonar a la persona únicamente cuando no buscamos entender las razones que tuvo. Si realmente entendemos la razón por la que alguien nos hirió, supondríamos que la persona no puede consigo misma y la disculparíamos en lugar de encontrar una culpa en ella. Y si disculpamos a alguien, no la estamos perdonando porque solo perdonamos donde hemos encontrado culpa".[56] Si alguien nos distrae y en lugar de buscar la culpa buscamos comprensión, debemos restablecer la búsqueda de la culpa con gentileza y amor, para que podamos otorgar nuestro perdón.

He visto a muchas personas explicar su pecado y eliminar la posibilidad de un auténtico perdón relacional. Un hombre puede decir: "Me involucré con otra mujer porque mi esposa no llenaba mis necesidades". O una mujer puede decir: "Tomé dinero de la caja menor porque necesitaba pagar una deuda pendiente". Otra persona dice: "Te mentí porque no quería herir tus sentimientos". Después de expresarse con palabras hirientes otra persona diría: "Sé que no debía hablar como lo hice, pero estaba demasiado cansado por trabajar todo el día y dormir tan poco". Una de las explicaciones más frecuentes en la iglesia es que el diablo me hizo caer. "Lo siento. Perdóname, por favor. Todo iba muy bien hasta que Satanás me atacó y yo estaba con las defensas bajas. Me tentó y cedí durante un momento de flaqueza". Todos estos son ejemplos de explicaciones que podrían ser ciertas, pero que siguen siendo irrelevantes para el proceso del perdón. Cada pecado tiene circunstancias extenuantes, pero si el pecado tiene explicación en esas circunstancias, entonces la persona no es responsable realmente por sus acciones. Cuando no podemos culpar, no podemos perdonar. Ya lo dijo Lewis Smedes: "Deberíamos recordar que culpar a alguien que nos hizo daño es uno de los mejores cumplidos que podemos darle. No se le reprocha a un gato por merodear, ni a un estilizado leopardo por saltar sobre una gentil gacela. No es culpa ni de los gatos ni de los leopardos. El honor de ser culpado y perdonado se reserva para los hijos de Dios".[57]

El perdón no es una solución para las imperfecciones genéticas o de nuestro entorno. No perdono a mi perro por correr en toda la casa con sus patas llenas de lodo. Entiendo que se trata de un perro y sé que eso es lo que hacen. No perdono a un niño que tiene una discapacidad mental severa por golpear mi auto con un bate de béisbol. Entiendo que el niño no puede comprender las ramificaciones de su conducta. No puedo perdonar a una mujer que delira por contarme historias que no son verdaderas. Entiendo que su mente está confundida, es una persona enferma que necesita atención. No puedo perdonar a Bill Buckner a quien se le pasó una pelota entre las piedras y por eso perdimos el juego. Entiendo que los errores se dan en el béisbol y que un error no es una ofensa que reciba una culpa moral. Todas las conductas fueron fallas que surgieron por circunstancias genéticas o del entorno. Son fallas, pero no que merezcan perdón. El perdón se ocupa de las acciones reprochables y ese tipo de acciones requieren una culpa moral o intencional. Tomamos decisiones que lastiman y hieren a otros y son las elecciones que pueden recibir la culpa. Aquello que recibe una culpa, también puede recibir el perdón. Solo aquellos humanos que son culpables moralmente pueden ser perdonados.

7

LA LIBERACIÓN DEL VENENO

Sin perdón, el monstruoso pasado podría despertar de su cueva para devorar el presente y también el futuro.[58]
(Philip Yancey)

Jan es una mujer piadosa en nuestra iglesia que sirvió al Señor junto a su esposo durante muchos años. Compartían en un ministerio que sirve a los pobres y a los necesitados en nuestra sociedad. Su esposo padeció Alzheimer, por lo que lo cuidó hasta sus últimos días de vida. Cierto tiempo después, después del mensaje me dijo: "Me doy cuenta de que me sentía distanciada de Dios desde que Harold murió y ahora me doy cuenta de la razón. Estaba enojada, no con Dios, pero con la enfermedad que robó su salud, que robó nuestro tiempo juntos y que robó su vida". Lloraba mientras hablaba: "Pero, una vez logré ocuparme de mi enojo, las cosas cambiaron". Me di cuenta de que Dios sigue conmigo y que nuevamente puedo tener una relación cercana con Él".[59] Cuando llegamos a reconocer el asunto que inhibe nuestro caminar con Dios o con los demás, podemos buscar el perdón y liberar el veneno que está atenuando nuestras relaciones.

PERMITA QUE EL PERDÓN SEA PERSONAL

Leí el famoso libro de Simon Wiesenthal, *El Girasol*, en una tarde gris y lluviosa que era el perfecto entorno para los detalles de esta escalofriante historia. El sobreviviente judío del holocausto que posteriormente se dedicó a perseguir a criminales nazis de guerra para juzgarlos por sus atrocidades, cuenta su intensa historia personal en el libro. Cuenta que los guardias nazis llevaron a un grupo de prisioneros fuera del campo para extraer la basura en un hospital en Lemberg. En su historia cuenta que una enfermera se le acercó y le preguntó: "¿es usted judío?" Le pidió que la siguiera adentro del hospital y lo dejó solo en la habitación con un oficial moribundo de la SS. El alemán, lleno de vendajes, le pidió que se acercara. "Estoy muriendo" dijo en voz baja. "Pero antes de morir quiero contarle una experiencia que me tortura. Si no lo hago, no podré morir en paz".

Simon se sentó en la cama a medida que el hombre apretaba su mano y le contaba la historia. Durante la historia, Simon cuenta algunas retrospectivas de sus propias experiencias mientras escuchaba al hombre moribundo. El joven oficial de la SS finalmente se sube a la cruz de su propia historia, la cual lo está torturando. Cuenta cómo acorralaron a los judíos, incluso a mujeres y a niños, y como si fueran una manada, los llevaron a una casa de dos pisos donde habían colocado gran cantidad de latas de gasolina. Cuando la casa se llenó de gente, le prendieron fuego. El hombre le contó la forma en la que un padre, una madre y su hijo pequeño saltaron desde una ventana del segundo piso. Tanto él como los otros soldados aprovechaban a tirar al blanco con las personas que saltaban. Esta imagen lo perseguía en sus pesadillas. No podía escapar de su culpa. El oficial concluyó con: "He anhelado hablar de ello con un judío para rogar su perdón. Sé que pido demasiado para usted, pero sin su respuesta, no podría morir en paz". El silencio envolvió la habitación y Simon no dijo una palabra. Se levantó y salió de la habitación del hospital sin acceder a la solicitud del hombre.

Simon regresó al campo de la prisión y contó la historia a sus compañeros judíos de prisión. Les preguntó qué debería haber hecho. ¿Debería haber perdonado al hombre? Josek dice que la respuesta de Simon concuerda con la solución. Josek le dijo: "No tendrías el derecho de hacerlo (otorgar el perdón) en nombre de la gente que no te ha autorizado hacerlo. Lo que te hacen a ti directamente, eso puedes perdonar si quieres, puedes perdonar y olvidar, pero este no es un asunto tuyo exclusivo. Hubiera sido un pecado terrible si hubieras cargado tu consciencia con los sufrimientos de otros". Simon finaliza su relato con la pregunta que nos desafía a todos. Nos pide que nos hagamos esta pregunta: "¿Qué hubiéramos hecho?"[60]

Un simposio conformado por 53 escritores, filósofos y teólogos, todos reconocidos de diferentes entornos e historiales escribieron ensayos donde daban respuesta a la pregunta que se incluiría en el libro. Me sorprendió el hecho de que solo unos cuantos autores consideraron que era una equivocación. La mayoría estuvo de acuerdo con que el perdón corresponde al agraviado. Algunos recomendaron que lo que debía haber hecho es decirle al hombre que se acercara a Dios para que buscara el perdón de Él. Otros opinaron que podría haber un lugar para el perdón en general, uno que representara algunas situaciones. Sin embargo, la mayoría concluyó que estuvo bien que no hubiera perdonado. También estoy de acuerdo.

El perdón real es sumamente personal. Cuando una persona viene conmigo como pastor buscando perdón por un pecado que cometió contra otra persona, no puedo ofrecer esa absolución. Solo la persona agraviada tiene el derecho de perdonar. Dios llamó al agraviado a que perdonara, lo que significa que el agravio se toma de forma personal. Uno de los mecanismos que se usan para superar situaciones y que lastima el perdón es nuestra tendencia humana a negar la herida y pretender que perdonamos. "No fue nada. Eso lo perdoné hace mucho tiempo", es algo que escuchamos con frecuencia y que lo dicen aquellos que siguen sintiendo resentimiento. La distancia y el desdén son los que han tomado la relación entre quienes antes pudieron haber sido muy cercanos. Mi trabajo es indagar. "¿Qué fue lo que perdonó?" "Sabe pastor, es cierto que ella es algo intratable y negativa, pero no me ofendí. No lo tomé de manera personal". Esto es cierto, si no toma las situaciones a manera personal, ¿cómo puede llegar a perdonar? El perdón real se toma de forma personal.

El perdón es la cura para agravios específicos. ¡No es la píldora de la felicidad! ¡El perdón no sana los conflictos de personalidad ni la maldad en general! Debemos aceptar el precio que pagaremos por olvidar. ¿Cuál es el dolor que aceptaremos? No debemos apresurarnos a perdonar porque podríamos reprimir el dolor al no perdonar en su debido tiempo. La herida surgirá después en la distancia y con desdén. Solo después de "apropiarse" del dolor podemos olvidar el dolor. Debemos ser capaces de identificar con exactitud cuál es el precio que pagaremos para perdonar a quien nos ha hecho mal. Hacer que la vida de alguien sea miserable es una situación ambigua y es difícil perdonar hasta que podamos hablar acerca de la herida con mayor precisión. Debe ser específico. Cada herida es el precio que pagamos por olvidar. Debemos tomarlo de forma personal antes de que seamos capaces de perdonar con sinceridad.

TOME EL PRIMER PASO

¿Quién da el primer paso? ¡Yo no! Me lastimó. Me traicionó contando lo que le había confiado. Es esa la razón por la que no me acerco. Solo veo y espero. Me enorgullezco de no estar haciendo nada malo. Seguramente estaré listo para perdonar cuando él tome el primer paso. El tiempo pasa, las relaciones se marchitan. Las conversaciones se sienten extrañas y empiezo a evitar a la persona. Se vuelve cada vez más difícil para cada uno poder dar el primer paso porque ninguno de los dos se siente responsable del problema. Helmut Thielicke, el teólogo alemán que luchó con la maldad nazi escribió:

> Este asunto de perdonar no es nada simple. Decimos: "Bien, si la otra persona se disculpa y ruega por mi perdón, entonces lo perdonaré y cederé". Hacemos del perdón una ley de reciprocidad, lo cual nunca funciona. Porque entonces ambos nos decimos: "La otra persona tiene que dar el primer paso" para después quedarnos como un halcón viendo si la otra persona nos lanza una señal con la mirada o si puedo detectar un pequeño indicio entre líneas, que nos demuestre que lo siente. Siempre estoy en posición para perdonar, pero nunca perdono. Soy demasiado justo.[61]

Ahora bien, cuando se trata de nosotros, Dios siempre toma el primer paso. Dios es el primero y nosotros respondemos. El arrepentimiento responde diferente a una represión que se da en gracia, en comparación con aquella que se da solo para condenación. Debiéramos tomar el primer paso para perdonar a los demás. Todavía se necesita la represión, pero aquel golpe en amor es mucho más suave y da mejores resultados que las palabras duras que mutilan y matan. A menudo estamos a punto de perdonar, pero nunca perdonamos porque esperamos el momento exacto o bien, una señal de que la situación no está tan fría. Mientras esperamos, las deudas a pagar se van acumulando y el momento exacto nunca llega. La distancia crece en la relación. Empezamos a albergar rencores mientras esperamos.

¿Cuáles son los primeros pasos que podemos dar? Le pedimos a Dios que nos ayude a perdonar. Necesitamos su gracia para perdonar a los demás, por lo que nuestro punto de inicio está con Dios. Le pedimos a Dios que cambie nuestros corazones, luego, podremos empezar a orar por quien nos ha lastimado. Elevar nuestra oración por alguien que nos ha hecho daño es un gran paso para perdonar a la persona que nos ha hecho mal. Debemos orar de forma específica. Estas oraciones no deberían ser solo de decir "bendice este asunto". La oración le abre la puerta a la gracia. La oración mueve nuestros corazones para amar. Por medio de la oración, logramos tener empatía con la otra persona y esa empatía abre las puertas del perdón. Vemos a la persona como alguien que tiene necesidades y a Dios como el único que puede satisfacer esas necesidades. La oración alinea nuestros corazones con el corazón perdonador de Dios que nos permite tomar los pasos para perdonar a quien nos ha lastimado.

La reprensión es el primer paso que tomamos horizontalmente (Lucas 17:3; Mt. 18:15). No perdonamos aquello que no culpamos. La reprensión abre la puerta al perdón cuando se da en amor. Identificamos de forma muy específica la acción que provocó nuestra herida. En ningún momento debemos endulzar el pecado si la idea es otorgar el perdón real. Existen tres posibles respuestas para este primer paso. 1) La otra persona nos ignora. 2) La otra persona niega todo agravio o lo explica con prontitud. 3) La otra persona responde con arrepentimiento. La última opción abre la puerta a un perdón total (judicial y relacional). Quisiéramos que esta fuera la respuesta para que seamos capaces de restaurar la relación. La tercera respuesta nos permite implementar el perdón total sin despreciar la gracia.

¿Qué sucede si la otra persona nos ignora o decide no arrepentirse? Hemos dado el primer paso. No somos responsables por los resultados. En una relación solo podemos encargarnos de nuestra parte. No podemos controlar lo que hace la otra persona. Aun así, debemos perdonar, pero nuestro perdón solo será un perdón judicial. No podrá darse un perdón relacional hasta que la otra persona se arrepienta. Sin embargo, al tomar el primer paso, nos liberamos de seguir los siguientes pasos para el perdón judicial. No tenemos que seguir siendo los rehenes de los caprichos de la otra persona. Nos libramos a través del perdón judicial, pero la libertad solo se da después de que iniciamos el proceso con Dios y con la otra persona.

OBSEQUIOS DE GRACIA

Los ojos del mundo occidental se enfocaron en el Palacio de Justicia de Núremberg por ser el Tribunal Militar Internacional donde se juzgaron a 22 líderes nazis por los crímenes de guerra cometidos entre noviembre de 1945 y el 1 de octubre de 1946 y donde se anunciaría el veredicto. El tribunal condenó a doce personas a la pena de muerte en la horca, inclusive a Hermann Goering, Wilhelm Keitel y Joachim von Ribbentrop. El tribunal condenó a Rudolph Hess y a otros dos a cadena perpetua por su participación en el holocausto. El tribunal llevó a cabo las ejecuciones el 16 de octubre de 1946 con excepción de Goering, quien se suicidó la noche anterior y Bormann, quien seguía en libertad.

Un hombre estuvo junto a los condenados y sus familias en todo el proceso. Se trataba de Chaplain Henry Gerecke, capitán del ejército de los Estados Unidos, quien ofreció su consejo y ayuda espiritual a los acusados durante el proceso. El tribunal lo designó con la tarea, nada envidiable, de ministrar a quienes habían cometido algunas de las peores atrocidades conocidas por el hombre en la era moderna. Oró junto a ellos y estuvo en todo el camino a la horca el día de la ejecución. Rudoplh Hess fue el primer hombre que Gerecke conoció en su celda en Núremberg. Con nervios, el Capellán entró a la celda y extendió su mano a Hess. Hess le devolvió el saludo y se estrecharon las manos. Fue un gesto difícil para Henry Gerecke, pues había servido en la guerra como capellán a muchos que murieron en manos de los nazis. Los periódicos publicaron la historia del apretón de manos y muchos estadounidenses lo criticaron duramente por haberse saludado con un hombre tan malo. Como respuesta, Chaplain Gerecke dijo que estrechó su mano "para no dañar el evangelio" y que "estaba ahí como representante del Padre amoroso. Una de las cosas que recordé es que Dios ama a los pecadores como yo. Estos hombres tenían que saber del salvador que había sangrado, sufrido y muerto en la cruz por ellos".[62]

La gracia de Dios se extiende a la mano y el amor de Dios por aquellos que no la merecen. La gracia no es para quienes la merecen, sino para quienes no la merecen. No puede llamarse gracia si es algo merecido. Cuando Dios nos ofrece su gracia, lo hace porque somos pecadores, no porque seamos santos. Cuando ofrecemos gracia a alguien más, lo hacemos porque es un pecador, no porque sea un santo. Esta persona no merece ser tratada con gracia, justo como nosotros no merecíamos que Dios nos tratara con gracia. Extendemos la mano de amor de Dios a quienes nos han hecho daño, no porque lo hayan ganado, sino simplemente porque se la hemos dado. Dejamos ir el veneno que había en nuestra alma al entregar regalos de gracia a quienes nos han hecho daño.

Dar gracia es un acto intencional.

Juan lo traicionó. Confió él cuando pasaba por momentos difíciles y privados y él se lo contó a otros. Trató de decirle cuánto daño sintió por la traición, pero él menospreció sus sentimientos con un simple "lo siento". A menudo, Susan dice cosas malas de usted. La trata con desprecio enfrente de otros miembros de la familia. Usted ha tratado de hablarle sobre lo que hace, pero sin éxito. Los sentimientos de enojo han crecido en usted y sabe que necesita dejar ir el veneno, pero ¿cómo lo logra? Es extraño, pero la forma en que se combate lo negativo es haciendo algo positivo. Haga algo bueno, con toda la intención de hacerlo, para Juan o para Susan. Lo bueno es un regalo, no se da para lograr una meta porque deja de ser un regalo. Lo bueno es un regalo para dejar ir la ira que siente, contrarrestar el mal que le han hecho con el bien que usted hace para otro. Jesús nos dijo que, si alguien nos hiere en una mejilla, que pongamos la otra y que, si alguien nos obliga a llevar carga por una milla, que caminemos dos. Esa parte expresa la lógica de la gracia. Jesús dijo: "Amad a vuestros enemigos, hacen bien a los que os aborrecen" (Mt. 5:44). Hacer bien intencional a aquellos que nos han herido es el antídoto de la gracia para la amargura que envenena nuestras almas.

Dar gracia es una elección.

Los obsequios de gracia generalmente son actos de bondad. Es posible que Simon Wiesenthal no haya perdonado al oficial de la SS por las atrocidades que hizo a otros, pero le dio obsequios de gracia. Sujetó su mano y escuchó su historia. En un punto, lo que hizo fue como ahuyentar una mosca que rondaba sobre las heridas del hombre. Cada vez que el atormentado nazi (en posición de súper hombre) le agradecía a Simon (en posición inferior a humano), este primer hombre recibía el obsequio de la gracia. Después de la guerra, Wiesenthal ubicó a la madre del hombre en la casa que había sido bombardeada. Su esposo había fallecido. Su único hijo también había muerto. Todos sus recuerdos eran de cuando dejó de ver al "chico bueno" que se había ido a la guerra. Wiesenthal consideró en decirle lo que su hijo había hecho, pero decidió dejarla con los buenos recuerdos. Le ofreció gracia. Cuando elegimos hacer algo bueno por aquel que nos ha hecho un daño, elegimos caminar en el camino de la gracia. Podría ser tan simple como hornear galletas para un familiar enfermo o lavar los trastos para tu esposa. Los pequeños obsequios de gracia se dan por elección y dejan ir el veneno que puede haber en nuestros corazones.

"No me nace hacerlo" dice alguien. No importa. Dar gracia es un acto de voluntad, no un resultado de los buenos sentimientos. Si esperamos a tener esos sentimientos, la gracia nunca llegará. Los sentimientos siguen elecciones. Las buenas elecciones nos llevan a buenos sentimientos. Las malas elecciones nos llevan a malos sentimientos. Elija hacer el bien a pesar de los sentimientos, pero tenga cuidado con el cristiano bien intencionado que trata de forzar su perdón con la presión de la culpa. El perdón no puede forzarse. El perdonador debe estar listo para perdonar o el perdón deja de ser una elección. La gracia se regala, no se obliga. Pídale a Dios que le dé gracia. Cuando esté listo, dé gracia con libertad y sin presión, no porque un familiar lo presiona a rendirse. Damos obsequios de gracia porque Dios ha movidos nuestros corazones con su gracia. Elegimos dar gracia a otros porque Dios nos dio a nosotros, pero no se sorprenda si al final ¡"sí le nace hacerlo"!

Dar gracia necesita perseverancia

La gracia nunca es fácil. Los sucesos de hoy desencadenan un nuevo resentimiento para la ira del pasado. Un recuerdo del engaño de su esposo, lo cual sucedió hace años, le causa dolor cada vez que brota en su corazón. Una imagen le recuerda las duras palabras que un amigo le dijo hace tiempo y solo de verlo vuelve a sentir el enojo que sintió en ese entonces. No es de extrañar que Jesús nos advirtió acerca de perdonar setenta veces siete todos los males que nos hicieran. Peter pensó que era un magnánimo cuando preguntó si debía perdonar siete veces. Fue cuando Jesús le da un número que era imposible totalmente. ¿Cómo contar 490 veces? Pierdo la cuenta antes de que termine. La clave no está en el número sino en la perseverancia. Perdonamos y tenemos que seguir perdonando. No cobramos deudas como un contador lleva el registro de los gastos. Dar gracia necesita perseverancia. Cuando algo desencadena el resentimiento para que surja en mi alma, puedo elegir hacer algo bueno en respuesta. Mientras hago algo bueno en respuesta a la maldad que siento en mi boca; mi alma se libera del veneno, dando lugar a un pequeño obsequio, uno a la vez. Nos adherimos a ello porque Él se queda en nosotros. Liberamos el veneno cuando perseveramos en la gracia.

Dar de gracia evita el fingimiento

El perdón no es un sentimentalismo. No existe una gracia con fingimiento. No suponemos que todo está bien, no pasamos por alto el pecado como si no hubiera ocurrido. La gracia barata deja de ser gracia. El pecado continúa si no hay arrepentimiento, si no hay cambio, si la ofensa continúa. Chaplain Henry Gerecke se negó a ministrar la Santa Cena a Hermann Goering a pesar de la solicitud porque Goering se negó a reconocer a Jesucristo como su Salvador. Gerecke oró por él, lo escuchó y ayudó a su familia. Esos fueron obsequios de gracia, pero no podía pasar por alto un corazón que no se había arrepentido. Tampoco debemos hacerlo nosotros. Extendemos la mano de compasión hacia otro, no con la idea de absolverlo de culpa, sino para ofrecerle una gracia inmerecida. Podemos dar obsequios de gracia a quien nos haya hecho mal, sin tener que aceptar los agravios. Podemos hacer bien por la persona que nos lastima al mismo tiempo que lo llamamos a cambiar su camino. Podemos poner la otra mejilla porque descansamos en la verdad de que Dios obra justamente con el mal. La gracia no impide la justicia. Damos de gracia sin fingimiento porque confiamos en que Dios trabaja la maldad con justicia. ¿Venganza? Eso es algo que dejamos en las manos de Dios.

OLVÍDESE DE LA VENGANZA

En 2012, Johnnie Moore, un pastor de la Universidad Liberty, invitó a Donald Trump a dar un discurso a cientos de estudiantes. Tiempo después, como ya sabemos, Trump se convirtió en presidente de los Estados Unidos, pero en ese tiempo solo era un hombre de negocios influyente y un donante potencial. Trump cerró su mensaje a los estudiantes con dos consejos. El primer consejo era que firmaran un acuerdo prenupcial al casarse y el segundo... ¡Que no se dejaran! "No dejen que otros se aprovechen, no se dejen... No quieren vengarse, ¿o sí?" Hizo una pausa dramática en el discurso. "Pues yo creo que sí". Los estudiantes se rieron, como mostrando su aceptación. Después de eso, el pastor Johnnie Moore tenía la tarea de contestar a los medios que se quejaban por lo inapropiado del consejo, por lo que escribió un ensayo para Fox News. "¿Es acaso una herejía creer que Dios es duro, o que quiere que nosotros lo seamos? Difícilmente. Lean la Biblia. Está llena de pasajes donde Dios busca la justicia, donde ajusta cuentas con la gente que hizo mal o que le hizo mal a su pueblo".[63]

Lamentablemente, el pastor Moore tuvo una equivocación. Solo Dios puede reservarse el derecho de la venganza, nosotros no. Nunca podremos tomar ese derecho. Dios dice: "Mía es la venganza, yo pagaré". (Heb. 10:30, Deut. 32:35). La venganza es la prerrogativa de Dios porque solo Él en este universo es el amor perfecto y la justicia en una sola persona. Su venganza es santa. Nuestra venganza no lo es. Su venganza va moderada por el amor. Nuestra venganza va empañada por el odio. Su venganza va dominada por la justicia. Nuestra venganza va impulsada por el egoísmo. Cuando nos aferramos a nuestro derecho de vengarnos, estamos asumiendo la prerrogativa de Dios. Queremos desquitarnos, pero esa venganza envenena nuestras almas y mata nuestras relaciones. Vengarse es el cáncer que nos destruye desde adentro, hace metástasis en nuestros corazones hasta que consume nuestras vidas. A medida que hacemos que otros nos paguen, nosotros pagamos un precio alto. Hacer que otros paguen por lo que nos hicieron conduce a que tengamos cuentas bancarias llenas de amargura.

A menudo, la venganza viene disfrazada de ayuda. Fui testigo del cuantioso tormento que una esposa le causó a su esposo con tal de recordarle en mil maneras que le había sido infiel. Usó la culpa que él tenía para manipularlo y hacerle pagar una y otra vez por lo que había hecho, con la apariencia de ser una buena esposa. Nathaniel Hawthorne exploró la anatomía de la culpa en su novela *La letra escarlata*. Hester Prynne llevó la culpa que identificaba su vergüenza toda su vida, la llevó en una letra bordada en el vestido para que todos pudieran verla. Roger Chillingworth era el esposo traicionado en el adultero. Dedicó su vida y sus habilidades como médico para mantener con vida al ministro. Al mismo tiempo, atormentaba al pobre hombre con la culpa usando diferentes métodos que "lo ayudaban". A su vez, Chillingworth se había marchitado en su propio odio. Hester le suplica: "¡Y me compadezco de ti por el odio que transformó un hombre sabio y justo en un demonio! ¿Quieres purgar el odio y volver a ser humano? ¡Si no lo haces por el bien de él, hazlo doblemente por el tuyo! ¡Perdona y deja la retribución posterior al Poder que la reclama!"

¡Olvídese de la venganza! Solo olvidándonos de la venganza podemos dejar salir el veneno de nuestros corazones.

LA HISTORIA DEL PROFESOR INJUSTO

Sam y yo éramos dos muchachos del campo en la gran ciudad.[64] Llevamos nuestras maletas del auto al elevador y encontramos nuestras habitaciones en el onceavo piso de los dormitorios. Nos despedimos de mis padres que nos habían llevado desde Maine hasta Filadelfia y empezamos a desempacar. Los siguientes tres años los pasamos viajando juntos, trabajando juntos, estudiando juntos y compartiendo juntos. Una noche quería tomar un descanso de estudiar y decidí ir al cuarto de Sam para hablar. Sam era un chico trabajador que creció en una familia pobre. Era un joven brillante y curioso que trabajaba durante horas y estudiaba con mucha dedicación. Disfrutaba de debatir puntos delicados de teología y de orar por los otros en los desafíos de la vida estudiantil. Disfruté de la amistad con Sam y de su compromiso espiritual. Tenía pasión por servir al Señor como pastor un día y los dos nos animábamos y desafiábamos profundamente. A medida que avanzábamos al final de esos primeros tres años en la universidad, los dos tomamos un curso en los libros proféticos. El profesor nos dijo a principios del semestre que podríamos exonerarnos del examen final si elaborábamos un cuaderno de anotaciones para todo el semestre. Sam y yo decidimos que escogeríamos la opción del cuaderno en lugar del examen final, y así fue como trabajamos recolectando materiales que pudieran cubrir todos los libros proféticos.

Llegó el día del examen final. Empacaba mis cosas en las maletas con la intención de retirarme lo más pronto posible. Después de todo, me casaría en una semana y mis clases no parecían tan importantes en comparación con la boda. Sam llegó y se detuvo en la puerta de mi dormitorio. Estaba furioso. Había ido a ver al profesor para entregarle el cuaderno de notas y el profesor le dijo que la mejor nota que podría recibir en su curso sería una B si no tomaba el examen final. Los dos estábamos molestos y nos cercioramos con otros estudiantes. Todos concordamos en que la condición no era parte del trato que el profesor había anunciado en clase. El examen estaba programado para esa tarde. Le dije a Sam que no me importaba. En la mano tenía el cuaderno y tomaría la calificación que fuera. Sam estaba furioso. Fue a su habitación y estudió para el examen. Hizo el examen, pero lo hizo muy mal. Entregué mi cuaderno y le dije al profesor que pensaba que era injusto, pero que podía hacer lo que él quisiera. Salí de la escuela y conduje hasta mi hogar, a casarme.

El semestre de otoño lo empecé acelerado. Ya tenía una vida de casado y me mantenía ocupado trabajando y estudiando. Sabía que Sam no regresaría a la escuela, pero no tenía mucho tiempo para dedicarle al asunto. Un día, iba corriendo en las gradas cuando encontré al profesor de esa clase. Iba muy molesto. Me preguntó si su decisión era la razón por la que Sam no había regresado a estudiar. Con toda sinceridad le dije que no sabía. Se defendió y me expresó su "disculpa" sin muchos comentarios. El siguiente verano tuve la oportunidad de visitar a Sam en la universidad donde lo había localizado. Hablamos por varias horas. Tenía cierta amargura todavía por lo que había pasado y había renunciado a su fe en Cristo. Dijo que ahora era ateo, que no creía en Dios. Había dejado esa vida atrás y ahora estudiaba historia y filosofía. Traté de abordarlo, pero Sam se había vuelto frío y difícil, era un hombre que no reconocía. ¿Qué había pasado? Habíamos orado juntos, compartido juntos, conducido el auto por muchas horas juntos, estudiado juntos, soñado juntos y ahora, nada tenía significado para Sam. Seguramente un examen injusto no podría lograr semejante crisis de fe, ¿o sí podría? En el esquema del verdadero sufrimiento, este podría decirse que era uno pequeño. ¿Podría considerarse siquiera que fue un sufrimiento cuando vemos las injusticias que otros enfrentan en sus vidas?

He reflexionado sobre esta historia durante muchos años. Los dos experimentamos la misma injusticia, pues sí creo que fue una injusticia, pero los dos reaccionamos de forma diferente. ¿Por qué? ¿Por qué el mismo agravio puede hacer que una persona huya de Dios y usarse para cambiarlo en una persona totalmente diferente? Creo que la respuesta la encontramos en lo que David Seamands llama el "cobro de la deuda"[65] – la lenta acumulación de las pequeñas deudas que se van agregando a la quiebra espiritual. Literalmente, estaba en el lado contrario. Lo había visitado en su casa. Su papá era un hombre con una discapacidad y la familia vivía en extrema pobreza. Había llegado a Cristo siendo un adolescente y encontró amor y gracia de la iglesia, los cuales fueron un bálsamo para su alma. Se sintió acogido en la iglesia a pesar de su baja posición social. Sin embargo, durante ese año del profesor injusto se dieron otros tres sucesos que devoraron el alma de Sam. El primero es que su familia perdió lo poco que tenía en este mundo por algunas circunstancias desafortunadas. Su madre y hermanos menores tenían problemas serios con su condición de pobreza. Sam sintió que la iglesia no hacía lo suficiente para ayudarlos, por lo que todo ese año luchó arrastrando esa amargura. El segundo suceso fue que Sam sufrió un tremendo rechazo de la familia de su novia. La familia estaba bien establecida en la iglesia y sentía que Sam estaba en el "lado incorrecto". La familia, aparentemente con el aval de otros líderes de la iglesia, convencieron a su novia de terminar su relación con Sam. No solo se sintió traicionado, sino que sintió que la iglesia también lo traicionó porque por un lado enseñaba acerca de la gracia, pero vivía con los prejuicios (en su opinión). La comunidad que supuso que lo había acogido sin importar su condición social, ahora parecía estarlo rechazando por completo. Ese verano él inició otra relación para su consuelo, la cual terminó en un embarazo que lo obligó a casarse. El tercer suceso fue que Sam empezó a leer al filósofo Nietzsche. Todo ese año, Sam había estado estudiando a este filósofo ateo. Al principio fue por una tarea, pero después se obsesionó con el autor. Nunca me di cuenta del cambio sutil que se estaba dando en Sam. Empezó a identificarse con las enseñanzas de Nietzsche. Sam estaba al borde de la quiebra espiritual por el cobro de su deuda y nadie lo sabía. El injusto profesor fue la gota que rebalsó el vaso. Desearía haber ayudado a Sam a liberar algunas de esas deudas antes de que el veneno contaminara su alma porque las deudas no liberadas pueden llevarnos a la quiebra de nuestros recursos espirituales.

Así como todos, yo también tengo luchas con el perdón. La amargura, la culpa, la venganza y el rechazo pueden ser grandes pesos en los sacos que llevamos. Casi todo el peso viene de las circunstancias comunes, regulares que todos pasamos, pero la carga acumulada de los pequeños agravios son los que pesan más de lo que podemos tolerar. Si no dejamos ir esos pesos, el saco se vuelve demasiado pesado para llevar a cuestas. Cuidamos las heridas que matan el alma. Como un alcohólico, saciamos nuestra sed con el sabor de la muerte. La venganza sabe dulce al principio, pero se vuelve amarga al final. Reflexionamos sobre estas injusticias y en nuestras mentes creamos nuestras opiniones, dejando que el veneno consuma lentamente nuestras almas. Estos sentimientos están a la puerta y el enemigo los usa para derribar nuestras defensas. Un corazón que no ha perdonado es como el caballo de Troya adentro del alma. El enemigo entra a nuestra mente y abruma nuestras defensas desde adentro hacia afuera. Sucumbimos ante la amargura y nos alejamos de la esperanza.

El perdón es la clave de la liberación. El saco que llevamos necesita un agujero para liberar el peso y ese agujero es el perdón. El cobro de la deuda al final nos lleva a una quiebra espiritual. Necesitamos liberar las deudas antes de que abrumen nuestra alma con culpa y amargura. La sanidad espiritual inicia con el perdón. El Médico de médicos usa su bisturí del perdón para eliminar quirúrgicamente el cáncer de la venganza y el rechazo que lleva nuestras almas a la muerte.

UNA FE DESQUICIADA

Si tu hermano peca, repréndelo; y si se arrepiente, perdónalo. Y si peca contra ti siete veces al día, y vuelve a ti siete veces, diciendo: 'Me arrepiento' perdónalo. Y los apóstoles dijeron al Señor: ¡Auméntanos la fe! Entonces el Señor dijo: Si tuvierais fe como un grano de mostaza, diríais a este sicómoro: 'Desarráigate y plántate en el mar'. Y os obedecería. (Lucas 17:3-6).

Los apóstoles dijeron al Señor: "¡Auméntanos la fe!". Entendemos esta petición como si estuvieran hablando de fe en general, y olvidamos el contexto de su petición. El contexto se refiere al perdón. Jesús acababa de dar explicaciones sorprendentes acerca del perdón y la respuesta natural de los discípulos era "no puedo hacer eso, para eso se necesita una fe desquiciada". Con sinceridad, es posible que usted haya tenido una reacción similar a lo que he escrito aquí acerca del perdón. "Es una locura. Se necesitaría una fe desquiciada, una fe que no tengo. Si usted supiera lo que me han hecho, solo así entendería que no tengo la fe como para perdonar eso".

Lo comprendo. Tampoco tengo esa fe desquiciada que es necesaria para perdonar las heridas profundas. Sin embargo, Jesús me impulsa a hacerlo de todas formas. He tenido que aprender a perdonar situaciones muy duras en mi vida y por eso sé que usted también puede. Dios es el único que puede ayudarnos a perdonar. Por nosotros mismos no podemos hacerlo. ¡De ninguna manera! En nuestras fuerzas es imposible lograrlo. Así no podremos. No puedo hacerlo por mí mismo. Solo Dios puede darnos la gracia para perdonar. Sin embargo, aquí hay una verdad esencial. ¡Él sí puede! Se lo puedo garantizar si está dispuesto a confiar en Él.

Es cuando decimos: "En ese caso, supongo que necesito más fe". A lo que Jesús dice, ¡no! Necesitamos mucho más que solo fe. Necesitamos fe en la persona correcta. Necesitamos creer que Dios está en control. Necesitamos creer que Dios puede lograrlo. Podemos entregar todo a Dios, toda la amargura y el dolor, lo cual Él cubrirá con su gracia y de alguna manera, enderezará el camino al final.

Jesús dice que, si tenemos la fe del tamaño de un grano de mostaza, la cual es una de las semillas más pequeñas, seremos capaces de decirle a un árbol que se desarraigue y se plante en el mar, el cual obedecerá. Con esto nos ilustra un proverbio. Los rabinos enseñaban que ese tipo de árbol (sicómoro) tenía raíces tan profundas y fuertes que podía quedarse enterrado hasta por 600 años.[66] Esta es la esencia del proverbio. Si usted dice: "Es tan difícil perdonar, todavía tengo estos rencores que han echado raíces en mi alma y por eso no puedo soltarlos". Jesús dice que, si pone su confianza en Él, lo ayudará; puede decirles a estos rencores enraizados que se desarraiguen y que se lancen al océano. Con la ayuda de Dios, ¡lo logrará! No es porque usted sea muy fuerte, sino porque Él es el fuerte y usted confía en que él fortalecerá su futuro.

En 2017, poco después de la celebración de Pascua, un noticiero de Egipto conmocionó al mundo. Amr Adeeb, un famoso presentador de programas, entrevistó por medio de una reportera a la viuda de Naseem Faheem, el guardia de la Catedral de San Marcos en su humilde casa. El Domingo de Ramos, el guardia había redirigido al terrorista que detonó una bomba. Naseem Faheem fue el primero en morir al salvar la vida de docenas de personas en la iglesia. Su esposa le dijo al reportero: "No me siento enojada con quien hizo esto. Solo le digo que Dios puede perdonarlo y nosotros también lo perdonamos. Es cierto, lo perdonamos. Puso a mi esposo en una posición que nunca hubiera imaginado". El presentador del programa no pudo hablar durante 12 largos segundos. Luego balbuceó: "Los coptos de Egipto... están hechos de... acero. ¡Maravilloso el perdón que tienen!" Su voz se quebró a medida que se dirigía a la audiencia, "Si fuera mi padre, no podría decir algo así. Pero ahí nos muestra su fe y la convicción religiosa que tienen".[67] ¡La fe en las promesas de Dios, en los planes de Dios y en el futuro de Dios nos da la gracia de perdonar las horribles atrocidades del hombre!

¡SE NECESITA UNA FE DESQUICIADA PARA PERDONAR!

NOTAS AL PIE

[1] Avalon Zoppo, "El tirador de Charleston, Dylann Roof, fue trasladado al corredor de la muerte en la prisión federal de Terre Haute", www.nbcnews.com, 22 de abril de 2017. Bob Smietana, "11 retratos del dolor y la gracia en los sobrevivientes de Charleston," *Christianity Today*, 20 de mayo de 2016.

[2] Philip Yancey, *¿Por qué la gracia es tan sorprendente?* Zondervan, 1997, pág. 90.

[3] Paul Tullis, "¿Puede el perdón tener un papel en la justicia penal?" *Revista The New York Times*, 4 de enero de 2013.

[4] Olga Khazan, "El impulso del perdón," *The Atlantic Daily*, 28 de enero de 2015. Everett Worthington, *Perdón y reconciliación: Puentes para la integridad y la esperanza*, Editorial InterVarsity, edición revisada de 2003.

[5] David A. Seamands, *Sanidad de las emociones heridas* (Colorado Springs, Colorado: Victor, 2002), pág. 25.

[6] Gina Barreca, "Algunas cosas tan malas que no se olvidan, como …", *Portland Press Herald,* 22 de julio de 2017, A7.

[7] Una traducción adaptada a la cita de Leslie Flynn, *Cuando los santos pasan por la tormenta: Qué dice la Biblia acerca de los roces en las relaciones y cómo resolverlas,* Victor Books: Una división de Scripture Press Publications, Inc., 1988, pág. 93.

[8] www.hopkinsmedicine.org/health/healthy_aging/healthy_connections /forgiveness-your-health-depends-on-it; www.mayoclinic.org/healthy-lifestyle/adult-health/in-depth/forgiveness/art-20047692; Khazan, "Forgiveness Boost".

[9] Wendell Miller, *Perdón: el poder y sus componentes*, (Warsaw, Indiana: ClearBrook Publishers, 1994), pág. 5 y 6. Me siento en deuda con Wendell Millar por el cimiento que dio a mi comprensión del perdón. Asistí a la misma iglesia en la que Wendell servía cuando era estudiante del Seminario Teológico Grace, donde también era compañero de su hija. Wendell fue uno de los fundadores de la Asociación de Consejería Bíblica y sirvió en varias iglesias del área durante muchos años como consejero cristiano. Su análisis sobre la doctrina del perdón es el más exhaustivo, bíblico y práctico que he visto.

[10] Dick y Susan son seres ficticios. Representan las historias combinadas de algunas personas con quienes he trabajado a través de los años.

[11] Lewis Smedes, *El Arte del Perdón: Cuando necesita perdonar y no sabe cómo hacerlo*. (Nueva York: Ballantine Books, 1996), pág. 23.

[12] Cita de Augustus H. Strong en *Teología sistemática*, pág. 869.

[13] Dan Allender, *El corazón herido: Esperanza para adultos víctimas de abuso sexual infantil* (Colorado Springs, Colorado: NavPress, Edición revisada, 1995), pág. 13. Explica que esta errónea idea de que el perdón es equivalente al olvido es una idea antibíblica que lastima, algo que indica de forma precisa en este libro (pág. 238).

[14] Wendell E. Miller, *Perdón: el poder y sus componentes*, págs. 99 y 100.

[15] Lewis Smedes, *El Arte del Perdón*. (Nueva York: Ballantine Books, 1996), pág. xi.

[16] Dan Allender, *Amor audaz* (Colorado Springs, Colorado: NavPress, 1992), pág. 158 a 161.

[17] Simon Wiesenthal, *El Girasol: Sobre las posibilidades y los límites del perdón*, Edición revisada y ampliada, Schocken Books, 1997, págs. 97 y 98.

[18] Smedes, *El Arte del Perdón*, pág. 13.

[19] Ibid., pág. 17.

[20] Ibid., pág. 39.

[21] ἀφίημι en el libro *Léxico griego - inglés del Nuevo Testamento* editado por William F. Arndt y F. Wilbur Gingrich (Chicago: Editorial de la Universidad de Chicago, 1957), pág. 125.

[22] χαρίζομαι en *Léxico griego - inglés del Nuevo Testamento*, págs. 876 y 877.

[23] Wendell Miller llama a estas categorías perdón "judicial" y "fraternal". (*Perdón: el poder y sus componentes*, págs. 9 a la 16). John MacArthur llama a estos dos aspectos de perdón el "judicial" y el "paternal" (John MacArthur Jr. *La libertad y el poder el perdón*. Wheaton, Ill.: Crossway Books, 1998, pág. 58).

[24] Walter C. Kaiser Jr. *Dirigidos por la teología del Antiguo Testamento* (Grand Rapids: Zondervan Publishing House, 1978), pág. 117. John Feinberg, "Salvación en el Antiguo Testamento" en *Tradición y Testamento: Ensayos en honor de Charles Lee Feinberg* editado por John S. y Paul D. Feinberg (Chicago: Moody Press, 1981), pág. 70.

[25] Kaiser, *Dirigidos por la teología del Antiguo Testamento*, pág. 118. John Feinberg explica la supuesta contradicción entre Hebreos 9:13 y Hebreos 10:4 de esta manera: "Es posible darle una resolución final a esta dificultad, únicamente a la luz de dos distinciones elementales. La primera es una distinción entre la provisión de la expiación (la obra objetiva de Dios) y la aplicación de la expiación (la obra subjetiva de Dios). La

segunda es una distinción entre el perdón y la eliminación del pecado. Con relación a la primera distinción, para que una persona llegue a ser salva se necesitan dos condiciones: (1) alguien que debe pagar y establecer el fundamento de la salvación, y, (2) alguien debe tomar esa salvación comprada y ponerla a beneficio del pecado que necesita la salvación. ... Con relación a la diferencia entre eliminar el pecado y perdonar el pecado podemos decir que, al usar la terminología que mencionamos anteriormente, eliminar el pecado se refiere al pago del pecado, el aspecto objetivo de la salvación. Por otro lado, el perdón se da cuando Dios aplica la salvación sobre aquella persona o cuando la limpia de pecado. Por ello, esto se refiere al lado subjetivo de la salvación, de esta manera se puede resolver el problema. Cuando se cumplió con la obra objetiva del sacrificio, esta no pudo cumplir con la totalidad del pecado (regalo de la expiación). Hebreos 10:4 lo dice. Sin embargo, dado que había sido dado en fe y en obediencia a lo que Dios había revelado para ese tiempo, Dios podía, y de hecho así lo hizo, otorgar perdón al pecado (el lado subjetivo de la salvación) en los fundamentos máximos del sacrificio de Dios, el cual se daría en algún momento". (*Tradición y Testamento*, págs. 73 a 75).

[26] Feinberg, *Tradición y Testamento,* pág. 69. "Aunque los sacrificios del Antiguo Testamento estaban relacionados con la justificación como función principal, al hablar de manera soteriológica, este era un proceso de santificación. Con certeza, los sacrificios que se presentaban en adoración a Dios o para consagración de la persona (aquellos sacrificios agradables) podrían fortalecer la relación del creyente con Dios. Sin embargo, ofrecer sacrificios con una fe fehaciente también limpiaba del pecado y la restauración de la relación con Dios. Realizar sacrificios de sustitución y expiación pareciera estar más relacionado con la limpieza del pecado de un creyente que llevar a esa persona a la salvación".

[27] Kaiser, *Dirigidos por la teología del Antiguo Testamento*, pág. 116.

[28] John MacArthur Jr. *La Libertad y el Poder del Perdón*, pág. 58.

[29] Leon Morris, *El Evangelio de Juan,* Wm. B. Eerdmans Publishing Co., 1970, pág. 850, fn 66. J.H. Bernard, *Un Comentario Crítico y Exegético en el Evangelio de San Juan,* Edinburgh: T.&T. Clark, 1976, pág. 680.

[30] Dan Allender, *El Camino a la Sanidad: Cómo las heridas de su pasado lo pueden llevar a una vida abundante,* WaterBrook Press, 1999, pág. 21.

[31] *La Confesión de Fe de Westminster,* 6.044 citado en *El Libro de las Confesiones* publicado por la Oficina de la Asamblea General, Iglesia Presbiteriana (EE. UU.), 1999, pág. 130.

---

[32] David Augsburger, *La Nueva Libertad del Perdón* (Chicago: Moody Press, 2000), págs. 20-21.

[33] Henri Nouwen, *El Regreso del Hijo Pródigo: Una Historia sobre el Regreso a Casa*, Image Books, Doubleday, 1992, pág. 130.

[34] David Augsburger, *La Nueva Libertad del Perdón* (Chicago: Moody Press, 2000), pág. 27.

[35] Smedes, *El Arte del Perdón*, pág xii.

[36] Charles C. Ryrie, *El Espíritu Santo: Manual de una Doctrina Bíblica* (Chicago: Moody Press, 1965), pág. 54. Theodore H. Epp, *El Otro Consolador: Estudios Prácticos del Espíritu Santo* (Lincoln, Nebraska: De Regreso a la Difusión Bíblica, 1966), pág. 229.

[37] Wayne Grudem, *Teología Sistemática: Una Introducción a la Doctrina Bíblica*, Zondervan, 1994, pág. 506-509. A través de este libro, Grudem examina los diferentes puntos de vista relacionados con el pecado imperdonable y su discusión se basa en que las personas siguen pecando hasta hoy. Identifica tres características del pecado: 1) Un conocimiento claro de Cristo, 2) un rechazo deliberado a Cristo, y 3) atribuir el trabajo del testimonio del Espíritu acerca de Cristo a la obra de Satanás (pág. 508).

[38] Augsburger, *La Nueva Libertad del Perdón*, pág. 29.

[39] Jerry Sittser, *El disfraz de la gracia: La forma en que la gracia aumenta a través de la pérdida*, Edición ampliada, Zondervan, 2004, pág. 145.

[40] J.B. Green, *"El perdón de pecados,"* Diccionario de Jesús y los Evangelios (Downers Grove, InterVarsity Press, 1992).

[41] Smedes, *El Arte del Perdón*, pág. 77.

[42] Lewis Smedes hace un trabajo notable al tratar de darle lógica a este concepto absurdo, aunque incluso él debe admitir que *"perdonarnos a nosotros mismos es una operación cuestionable"* (*El Arte del Perdón*, pág. 96). Mona Johnian defiende el perdón a nosotros mismos en *Renueve su mente: La receta de Dios para la integridad*, (South Plainfield, NJ: Bridge Publishing Inc., 1993), págs. 19 a 27.

[43] John Stott, *La Cruz de Cristo*. (Downers Grove, Illinois: InterVarsity Press, 1986), págs. 87 a 110.

[44] Ibid., pág. 112ff.

[45] Ibid., pág. 335-336.

[46] Lewis Smedes, *El Arte del Perdón*, pág. 137.

[47] Seamands, *Sanidad de las emociones dañadas*, pág. 28 a 31.

[48] John Claypool, "El futuro y el olvido" (Preaching Today, Tape #109).

⁴⁹ Dan Allender, *El corazón herido: Esperanza para adultos víctimas de abuso sexual infantil*, NavPress, edición revisada, 1995, págs. 225 y 226. Vea un texto más completo en mi libro, *Transformado por la adopción: La vida espiritual de un cristiano regular*, The Rephidim Project, 2014, págs. 265 a 266.

⁵⁰ Allender, *El corazón herido*, pág. 79.

⁵¹ Ibid., pág. 84. Me siento en deuda con Dan Allender por el excelente tratamiento de vergüenza y desprecio que nos da en este capítulo.

⁵² David Seamands, *Redención del pasado: Recuperación de los recuerdos que causan nuestro dolor Pain*, Victor Books, 2002, pág.70.

⁵³ www.msn.foxsports.com

⁵⁴ Allender, Dan, *El corazón herido: Esperanza para adultos víctimas de abuso sexual infantil*, (Nav Press, Colorado Springs Colorado, 1995), págs. 251 a 252.

⁵⁵ Ibid., pág. 252.

⁵⁶ Smedes, *El Arte del Perdón*, pág. 80.

⁵⁷ Ibid., págs. 81-82.

⁵⁸ Philip Yancey, *Grace*, pág. 120.

⁵⁹ Usado con permiso.

⁶⁰ Wiesenthal, *El Girasol*, págs. 54, 65, 98.

⁶¹ Helmut Thielicke, *El Padre que espera,* Harper & Row, 1959, pág. 112. Citado por Yancey, *Gracia*, pág. 91.

⁶² Tim Townsend, *Misión en Núremberg: Un Capellán del ejército estadounidense y el juicio de los nazis*, William Morrow una impresión de Harper Collins Publishers, 2014, pág. 140-141.

⁶³ Michelle Boorstein, *The Washington Post*, reimpreso por *The Portland Press Herald*, "Para algunos, las amenazas de Trump contra Corea del Norte son perfectamente divinas," 12 de agosto de 2017, D6.

⁶⁴ Su nombre se ha cambiado para proteger su identidad.

⁶⁵ Seamands, *Sanidad de las emociones dañadas*, pág. 25.

⁶⁶ Leon Morris, *El Evangelio según San Lucas: Una introducción y comentario* de los *Comentarios del Nuevo Testamento de Tyndale*, Grand Rapids, Michigan: William B. Eerdmans Publishing Company, 1974, edición reimpresa, 1982, pág. 256.

⁶⁷ "Perdón: Los musulmanes se conmueven con la acción increíble de los cristianos coptos", *Christianity Today*, 20 de abril de 2017.